CARO(A) LEITOR(A),
Queremos saber sua opinião
sobre nossos livros.
Após a leitura, siga-nos no
linkedin.com/company/editora-gente,
no TikTok **@editoragente**
e no Instagram **@editoragente**,
e visite-nos no site
www.editoragente.com.br.
Cadastre-se e contribua com
sugestões, críticas ou elogios.

GABRIEL KHAWALI

A VIDA É UMA RESENHA

Aprenda a transformar momentos descontraídos em relações significativas e faça da sua vida uma fonte de oportunidades

Diretora
Rosely Boschini

Gerente Editorial Sênior
Rosângela de Araujo Pinheiro Barbosa

Editoras
Deborah Quintal
Rafaella Carrilho

Assistente Editorial
Camila Gabarrão

Produção Gráfica
Leandro Kulaif

Preparação
Gabrielle Carvalho

Capa
Plinio Ricca

Projeto gráfico
Márcia Matos

Adaptação e diagramação
Gisele Baptista de Oliveira

Revisão
Andresa Vidal Vilchenski
Wélida Muniz

Impressão
Gráfica Bartira

Copyright © 2024 by Gabriel Khawali
Todos os direitos desta edição são reservados à Editora Gente.
Rua Deputado Lacerda Franco, 300 – Pinheiros
São Paulo, SP – CEP 05418-000
Telefone: (11) 3670-2500
Site: www.editoragente.com.br
E-mail: gente@editoragente.com.br

Dados Internacionais de Catalogação na Publicação (CIP)
Angélica Ilacqua CRB-8/7057

Khawali, Gabriel
  A vida é uma resenha : aprenda a transformar momentos descontraídos em relações significativas e faça da sua vida uma fonte de oportunidades / Gabriel Khawali. - São Paulo : Editora Gente, 2024.
  160 p.

ISBN 978-65-5544-516-9

1. Empreendedorismo 2. Negócios I. Título

24-3438   CDD 658.4012

Índices para catálogo sistemático:
1. Empreendedorismo

NOTA DA PUBLISHER

O verdadeiro valor de qualquer empreendimento reside na qualidade das relações que conseguimos estabelecer. Isso fica óbvio a cada dia que passa, afinal um networking de valor pode transformar relacionamentos em negócios, e esses negócios podem gerar mais valor para todos os envolvidos. Para isso, não é preciso estar de terno, gravata e em um ambiente formal. Os momentos mais despretensiosos também promovem conexões, afinal a vida pode ser divertida e apresentar alta performance ao mesmo tempo!

Essa nova engenharia social depende de um ecossistema colaborativo, do mapeamento de conexões que possam se agregar e da mudança de mindset que divide a hora do trabalho e a hora do lazer.

Em *A vida é uma resenha*, o empreendedor Gabriel Khawali mostra como promover encontros leves e descontraídos de pessoas bacanas e não óbvias, aproveitar momentos de lazer para criar parcerias e transformar isso num modelo de negócio. Além disso, ele demonstra que é possível estabelecer o seu networking de valor com técnica e observação de cenários e pessoas *high level*.

A visão clara e inovadora do Gabriel Khawali sobre networking resultou na Resenha do Gab, que há muitos anos promove encontros interessantes, marcantes e que geram valor extraordinário para seus integrantes. Além disso, Gabriel comprova o poder transformador das conexões humanas no ambiente empresarial e como você pode montar seu próprio networking de valor.

Espero que, com este livro, você se junte ao ambiente de crescimento colaborativo e, assim como o Gab, primeiro faça amigos e depois negócios!

Boa leitura!

ROSELY BOSCHINI
CEO e Publisher da Editora Gente

Dedico este livro à minha avó Lourdes, que já está no céu; à minha avó Eny; ao meu pai, Ibrahim; à minha mãe, Claudia; ao meu tio, Rafa; e a meus irmãos, Matheus e Lucas.

A minha maior riqueza é ter vindo a este mundo em uma família linda como a minha. Amo vocês!

Também o dedico a todas as pessoas que estão batalhando por uma vida profissional melhor, mas estão desanimadas, frustradas, sem força e perdidas. Eu me senti assim por muito tempo, mas persisti. Tenham resiliência e não desistam. O único jeito de ter um futuro melhor é agindo no presente.

Por fim, gostaria de dedicar esta obra aos meus clientes e colaboradores. Sem um time que compre o meu barulho ou clientes que comprem o meu produto, eu seria só um louco acelerado. Com vocês, sou um empreendedor fazendo história.

AGRADECIMENTOS

Há muitos anos, venho praticando o networking da maneira como eu acredito que deve ser feito, e deu tão certo que eu não poderia simplesmente guardar essa informação só para mim. Porém, escrever um livro não é uma tarefa fácil. Foram meses de empenho e muitas horas diariamente dedicadas a sentar em frente ao computador para trazer um conteúdo inovador de verdade, e isso só foi possível porque tive pessoas incríveis, que me auxiliaram e me ajudaram de alguma maneira para que esta obra acontecesse.

Quero começar com os agradecimentos mais óbvios, àqueles aos quais eu agradeço em qualquer situação da minha vida: Deus, por me dar saúde e discernimento, e minha família, por sempre me apoiar nos momentos mais difíceis.

Agradeço também ao meu time e aos meus clientes, duas partes extremamente importantes para a concepção deste livro. Que time bacana montei nos últimos anos! A turma compra o meu barulho e se empenha para fazer a empresa crescer e, consequentemente, cada um deles cresce em suas trajetórias profissional e pessoal. Eu só consegui me dedicar a este projeto porque sabia que tinha um grupo engajado cuidando de tudo quando eu precisava me ausentar. Agradeço, especialmente, ao Vinicius e ao Tales, que me ajudaram com as revisões desta obra.

Agora, quero falar diretamente com meus clientes. Há muitos anos, em todos os negócios com os quais me envolvi, sempre usei uma frase como pilar e faço questão de repeti-la aqui: "O cliente é nosso oxigênio, sem ele, a gente para de respirar e morre." Sou muito abençoado em tê-los ao meu lado; saibam que vocês são prioridade em minha vida, pois sei do laço de lealdade e reciprocidade que nos une.

Tenho inúmeros clientes que eu poderia destacar aqui, mas como não seria possível, escolhi quatro para representar toda essa comunidade que está sempre comigo: o Fernando, fundador da *ChatGuru* (plataforma incrível de automação de WhatsApp, que é referência máxima em aumentar as vendas e atender melhor os clientes); o Paulo e o Cesar da *Dom Pagamentos* (empresa de gateway de pagamento com tecnologia de ponta, transparência, segurança, eficiência e grande respeito com o dinheiro dos seus clientes), e o Marcelo Chen da *3Cliques* (empresa que encurta a distância entre o Brasil e a China – ele, de fato, entende muito de China, tem sócios brasileiros e chineses, e acesso a mais de 40 mil fábricas deles).

Fernando mora em Recife e foi membro do Resenha Group durante o primeiro ciclo de existência do produto. Durante esse período, por conta da sua agenda cheia de compromissos, ele mal conseguiu extrair benefícios. Mesmo assim, na hora da renovação do vínculo conosco, ele o fez sem nem pensar, pois percebeu o empenho do nosso time em gerar valor aos nossos membros.

Já Paulo e Cesar são de Balneário Camboriú (SC), e o que me chama a atenção é o quão *pro business* eles são. Fecharam a adesão ao Resenha Group no mesmo dia em que me conheceram e, desde então, vêm indicando muitos clientes e trazendo empresas superinteressantes para dentro do nosso ecossistema. Eles são daquelas pessoas que buscam gerar valor além do *core business* deles, e eu me identifico muito com essa característica.

Por fim, o Marcelo. Ele é meu amigo desde a época em que estudamos juntos, há mais de vinte e cinco anos. Ficamos um período sem nos ver, mas as redes sociais nos reaproximaram; desde então, ele é nosso cliente e nos prestigia desde o dia zero da Resenha do Gab, comprando todos os produtos que lançamos, e isso faz dele um *case* muito marcante para mim. Marcelo me conhece desde que eu ainda era um moleque folgado e dava trabalho para os professores na escola por conta da indisciplina, ele acompanhou o meu crescimento pessoal e conhece o profissional que eu me tornei.

No entanto, tudo isso foi uma resposta à entrega de vocês, meus clientes fiéis, que sempre prestigiaram as minhas iniciativas e me ajudaram a crescer e me tornar o Gab que sou hoje.

Finalizo agradecendo a você, leitor e leitora. Desejo que este livro abra a sua mente e mostre novas perspectivas em sua vida.

Muito obrigado!

SUMÁRIO

PREFÁCIO
Ambiente colaborativo: sucesso nos negócios _____ 15

INTRODUÇÃO
Prazer, eu sou Gabriel Khawali! _____ 19

CAPÍTULO 1
Todo mundo acha que
sabe fazer networking___41

CAPÍTULO 2
Hora do trabalho,
hora do lazer___59

CAPÍTULO 3
Fortalecendo as conexões:
aprenda a fazer networking___71

CAPÍTULO 4
Foque a tríade de ouro___85

CAPÍTULO 5
Gere valor___109

CAPÍTULO 6
Faça parte de um ecossistema
colaborativo (ou crie um!)___127

CAPÍTULO 7
Coloque intenção
no seu networking___141

CAPÍTULO 8
Vai lá e faz: simples assim!___153

PREFÁCIO
Ambiente colaborativo: sucesso nos negócios

Empreender é uma jornada de coragem e perseverança, uma viagem por territórios muitas vezes inexplorados, em que a troca de experiências se revela tão fundamental quanto a própria capacidade de inovar. Neste contexto, o livro do Gabriel emerge como um farol que ilumina não apenas os caminhos trilhados por um jovem empreendedor, mas também o poder transformador das conexões humanas no universo dos negócios.

Gabriel, desde a adolescência, demonstrou uma incomum habilidade para enxergar além do horizonte, percebendo que o verdadeiro valor de qualquer empreendimento reside na qualidade das relações que conseguimos estabelecer. Com uma visão clara e um espírito inovador, ele fundou a Resenha do Gab, uma plataforma de relacionamento em que a sabedoria coletiva e a colaboração são mais do que princípios; são práticas vivas que orientam cada encontro.

Este livro não é apenas uma compilação de estratégias de gestão e liderança, nem somente um registro das numerosas sessões que reuniram investidores, empreendedores, varejistas e profissionais liberais. É, sobretudo, uma crônica sobre a construção de um ecossistema único no país, no qual o lema "primeiro fazemos amigos, depois fazemos negócios" transcende o clichê para se tornar a essência de uma filosofia revolucionária no mundo dos negócios.

Ao longo das páginas, Gabriel compartilha suas conquistas e desafios, mas também os aprendizados que emergem quando pessoas de diferentes trajetórias e setores se unem com um objetivo comum: crescer juntos. A Resenha do Gab se tornou um ponto de encontro no qual líderes empresariais não apenas apresentam palestras, mas também participam de diálogos abertos e construtivos, explorando novas ideias e soluções inovadoras para problemas antigos e novos.

Além de ser um testemunho da jornada de Gabriel, esta obra é um convite para que mais pessoas se juntem ao movimento de crescimento colaborativo. As histórias contadas neste livro são reais; os personagens, autênticos; e os resultados, tangíveis. Eles demonstram como a união de diferentes competências e perspectivas pode criar um ambiente em que todos saem ganhando.

E mais: também explora os desafios enfrentados por Gabriel e sua comunidade. Desde a logística de organizar eventos que atraem milhares de participantes até as nuances de fomentar um ambiente que é tanto competitivo quanto colaborativo, oferecendo um olhar sem precedentes sobre o que realmente acontece nos bastidores de um ecossistema empreendedor.

A Resenha do Gab é uma realização de engenharia social, uma prova de que os negócios podem prosperar à base de amizade e confiança mútua. Este livro, portanto, é essencial para todos aqueles que aspiram não apenas a ser empreendedores, mas líderes que reconhecem o valor inestimável das relações humanas no desenvolvimento de suas empresas e comunidades.

Ao ler *A vida é uma resenha*, espero que você se sinta inspirado a considerar novas possibilidades para sua própria trajetória empreendedora e motivado a investir no ativo mais valioso de qualquer negócio: as pessoas. Com a sabedoria compartilhada por Gabriel, você estará preparado para transformar cada oportunidade em uma história de sucesso, que poderá um dia ser contada nas futuras edições deste maravilhoso projeto.

Seja bem-vindo ao mundo da Resenha do Gab, onde amigos se tornam parceiros, e o sucesso é uma jornada compartilhada!

AUGUSTO LINS
Cofundador da Stone Pagamentos

INTRODUÇÃO
Prazer, eu sou Gabriel Khawali!

Janeiro de 2024. Estou de férias nos Alpes Italianos. É o meu momento de esquecer tudo e focar apenas o descanso. Saio para caminhar na neve e passo três horas sozinho, pensando na vida. Não é para a mente trabalhar agora. Tento a todo momento não pensar em trabalho, mas de repente surge um insight de um novo produto para a minha holding, que tem a possibilidade de elevar o faturamento em 30% a 40%.

Esse sou eu, Gabriel Khawali, uma pessoa que não consegue ficar parada nem mesmo nos momentos de descanso. Sou fundador da Resenha do Gab, que começou como um jantar intimista despretensioso para juntar pessoas interessantes e estreitar laços e, em menos de três anos, tornou-se uma holding que engloba vários negócios. Nosso propósito é mudar a vida do empreendedor, fazendo com que ele potencialize seus resultados ao aprender o enorme poder do networking. Todas as frentes de atuação têm o mesmo objetivo:

reunir pessoas bacanas em momentos leves e descontraídos para que possam se divertir, criar afinidades e fazer amizades. Como consequência, se assim houver caminhos, fazerem negócios. Tudo ao mesmo tempo.

Nós fazemos negócios em um divertido jantar, ou enquanto jogamos pôquer, ou praticando tênis ou *wakeboard*, ou durante um bate-papo com um CEO de uma grande empresa. É por isso que a Resenha do Gab já é considerada por muitas pessoas como o evento de networking *high level* mais em alta no país.

Se você já me conhece, sabe bem o que é a Resenha do Gab e como ela reflete o meu modo de viver e ver as relações entre as pessoas. Para mim, é nítido que em momentos leves e descontraídos nascem relações profundas com muito mais facilidade. Porém, acredito que você saiba pouco sobre como me tornei referência quando o assunto é networking. Se não me conhece, mas se interessou por este livro, será um prazer contar a minha história e mostrar como o networking mudou a minha vida.

Este livro nasceu da minha vontade de mostrar para as pessoas esse meu estilo de vida e ensinar que é possível fazer amigos e se divertir enquanto estreita uma relação para dali sair uma parceria nos negócios. Talvez até uma de milhões.

Eu não acredito que o melhor caminho para fazer networking e impulsionar negócios seja aquele em que todos se reúnem em ambientes formais, com conversas formais, vestindo terno e gravata. Não estou falando

Em momentos leves e descontraídos nascem relações profundas com muito mais facilidade.

A vida é uma resenha
@gabriel_khawali

que quem faz networking dessa maneira está errado. O que estou falando é que existem outras maneiras de se relacionar, e isso será ensinado neste livro. Nunca precisei vestir terno para ser respeitado. E mais: há negócios que são fechados enquanto se está sentado em uma cadeira de praia, observando o mar. Isso muda a entrega? Claro que não! Você deve estar pensando: *Este cara é maluco*. Pois é, posso até ser maluco, mas sou um maluco que deu certo, mesmo estando de chinelo na maior parte do tempo.

Desde criança, sou ligado nos 220 volts. Minha mente trabalha em uma velocidade assustadoramente acelerada. Talvez por isso eu tenha conseguido sair de uma vida em Jundiaí, cidade no interior de São Paulo, em que eu vendia consórcio de automóveis, para uma nova vida na qual me relacionar com as pessoas mais bem-sucedidas do país faz parte da minha rotina.

Contando assim, parece que tudo foi muito fácil para mim. Mas não foi. Sempre fui extremamente sociável, mas até descobrir como usar essa habilidade para fazer negócios, demorou muito. Porque não basta conhecer pessoas, você precisa saber como transformar este relacionamento em negócios que gerem valor para ambos os lados. Para mim, em qualquer relação, o valor deveria ser a moeda a ser utilizada. Eu gero valor para uma pessoa, ela gera valor para mim ou para outra pessoa, que gera para outra, e assim vamos nos mantendo em uma cadeia em que todos saem ganhando. Mas como vou fazer isso? É o que você vai aprender neste livro.

> **NÃO BASTA CONHECER PESSOAS, VOCÊ PRECISA SABER COMO TRANSFORMAR ESTE RELACIONAMENTO EM NEGÓCIOS QUE GEREM VALOR PARA AMBOS OS LADOS.**

Eu não tive ninguém para me ensinar a fazer o que faço hoje. Sempre fui um *self-made man* – pessoa que aprende sozinha, por meio de seus próprios esforços, e alcança o sucesso. Dessa maneira, não trilhei um caminho pronto, e sim um com muitas lombadas e erros. Fui metendo a cara e fazendo. Se me ferrei em algum momento? Incontáveis vezes, mas aprendi muito também. Lembro-me do primeiro evento que fiz fora da minha casa. Os jantares estavam indo bem e achei que era o momento de fazer algo maior. Corri atrás de parcerias, montei toda uma estrutura de qualidade e, claro, convidei muita gente bacana. Foram 188 convidados, e nada saiu como planejado. O gelo acabou, o ar-condicionado do local não funcionou adequadamente, a comida não fez jus ao público que estava lá e o microfone falhou na hora em que fui falar. Não entreguei a qualidade que queria e fiquei com a certeza de que tinha arruinado a minha reputação. Quando as pessoas foram embora, eu só queria sumir e esquecer aquela noite.

No dia seguinte, fui olhar o celular e vi que tinha recebido mais de sessenta mensagens elogiando o evento, falando que tinham feito conexões e perguntando quando seria o próximo. Entendi, então, que o mais importante não era a comida servida ou o ar-condicionado na temperatura correta, mas sim o grupo que escolhi para estar lá. Foi uma experiência e tanto!

Erros como esse foram me empoderando para criar um negócio nada óbvio e sem precedentes. Uma história que não foi feita de altos e baixos, mas de baixos e muitos baixos, para só depois chegar ao alto. Porém, tudo o que passei me credenciou para agregar e somar na vida das pessoas. Quer saber como? Venha comigo que você vai entender bem do que estou falando.

Aprendi muito cedo o valor das relações

Eu tinha 17 anos quando reparei pela primeira vez que era bom com relações pessoais. Depois de cursar um Ensino Médio caótico – eu era o típico garoto-problema – em Jundiaí, consegui passar em uma faculdade em São Paulo, participei do trote, raspei a cabeça e, então, soube que não poderia continuar, pois minha família estava passando por uma situação econômica delicada e não teria condições de pagar pelo curso.

Se a grana estava curta e não daria para pagar a faculdade, o que eu precisava era trabalhar. Arrumei um emprego de vendedor em uma loja de roupas na minha cidade, mas, quando cheguei, a primeira coisa que me mandaram fazer foi limpar o banheiro do estabelecimento. Olha só a minha situação: tinha me formado em uma escola particular, lugar de playboy mesmo, e, de repente, estava limpando privada. Mesmo frustrado, me empenhei para vender. Fiquei apenas um mês nesta loja, tinha zero *street intelligence*, mas fui o melhor vendedor do período. Talvez nesse primeiro momento profissional a minha vida já tivesse me dado um estalo, mesmo que de modo intuitivo, sobre o poder do relacionamento. Lembro-me de que dia após dia ia aprendendo um pouco sobre o comportamento dos clientes e a maneira certa de abordá-los e desenvolver um papo. Aos poucos, aquele menino foi chamando cada vez mais atenção e, consequentemente, conseguindo melhores resultados.

Após essa experiência, fui trabalhar em uma concessionária de automóveis. Cheguei para falar com o Valter, o Vartão (era assim mesmo que ele era conhecido), responsável pela área de vendas, por meio da indicação do dono da concessionária que conhecia o meu pai. Com esse Q.I. – o famoso "quem indica" –, claro que fui contratado. Vartão me colocou para vender consórcio de carros. Nunca tinha feito nada parecido, mas encarei o desafio.

Lembro-me bem do primeiro dia de trabalho. Eu precisava me vestir com roupa social, mas nunca tinha nem provado nada desse estilo. Peguei uma camisa emprestada do meu pai, que ficou enorme (é claro!) e fui para lá. Se quiser rir de mim, fique à vontade. Estava ridículo mesmo.

Era um ambiente de selva. Sofri bullying, demorei dois meses para fazer a primeira venda, não aguentei a pressão e, em menos de um ano, pedi demissão. Mesmo o Vartão sendo um cara incrível e me ensinando tudo de que eu precisava, não aguentei. Sempre soube me relacionar em ambientes hostis, mas ali não conseguia. Era um fracasso como vendedor de consórcio.

Quando saí da concessionária, meu pai me obrigou a voltar a estudar. Entrei em uma faculdade de Jundiaí, com uma mensalidade muito mais baixa do que aquela que pagaria em São Paulo, e fui fazer Direito. É provável que você tenha arregalado os olhos e pensado "Gabriel Khawali sendo advogado?". Pois é, sei que isso não tem nada a ver comigo. Fiquei quatro semestres lá em uma relação que já nasceu falida. Era o típico "aluno-bar", aquele que só vai para a faculdade para ficar no bar com a galera. Claro que não deu certo.

Enquanto tentava fazer a faculdade, encontrei o Vartão no shopping e ele me chamou para trabalhar de novo na concessionária. Voltei oito meses depois, mas desta vez, já tinha me machucado e aprendido com a dor. Jurei para mim mesmo que a experiência seria outra. Assim, de um vendedor falido e sem resultados, em menos de dois anos passei a ter sucesso e me tornei o melhor vendedor do Brasil na bandeira de consórcio que representava. A equipe, que antes me desprezava, passou a me respeitar. O moleque folgado tinha, definitivamente, voltado ao jogo!

O que eu tinha de diferente da equipe e do moleque da primeira passagem? Havia aprendido a lidar com aquele ambiente e a usar as minhas habilidades de relacionamento para vender mais. Eu aprendi a usar a minha cultura e as minhas *soft skills* para me destacar como vendedor. Tanto que em três anos alcancei uma carreira de sucesso como vendedor de consórcio, ganhava um ótimo salário e me dava ao luxo até de não trabalhar às sextas-feiras.

Até que um dia, estava na minha mesa, prospectando novos clientes e fechando mais vendas, quando o Vartão se aproximou:

— Khawali, abriu uma oportunidade para gerente de vendas de consórcio em uma cidade próxima. Tenho outros candidatos, mas você une características que são importantes para o cargo. Você é determinado e muito focado. A vaga é sua! Topa?

Com 22 anos fui promovido para liderar uma equipe de quase trinta pessoas. Mas isso nem me assustou. Achava que sabia o suficiente para ser um "gerentaço". Mas estava errado e, mais uma vez, levei um tombo. Eu sabia vender, mas, por mais contraditório que possa ser, não sabia me relacionar com as pessoas que deveria liderar. Porque ser bom em uma função não significa necessariamente ser bom em outra. Gerir pessoas é um desafio tão complexo quanto realizar vendas. Se você é vendedor, é responsável somente pelo seu resultado. Nessa função, eu tinha o controle total das minhas ações. Mas quando se tem uma equipe sob o seu guarda-chuva, você é responsável pelo resultado de todos. Lidar com isso é complexo, porque é preciso lidar com a vontade, o foco e a raça dos outros.

Então, a minha falta de sucesso nesta fase se refere à minha expectativa de não conseguir fazer com que a equipe tivesse a raça, a determinação e o foco em vendas que eu tinha. Isso me ensinou que somos seres únicos, com habilidades e competências ímpares e precisamos saber onde somos bons para jogar com excelência no ramo em que vamos bem!

Não aguentei e, menos de um ano depois, pedi demissão. O Vartão, um cara que foi extremamente importante na minha história, tinha confiado em mim e eu o decepcionei.

Sete anos para entender o que é networking

O que faria agora que havia voltado à estaca zero? O que tinha aprendido com tudo o que passei? Não achei as respostas para essas perguntas, mas o que sei é que os sete anos seguintes foram desafiadores e mudaram a minha vida para sempre. Passei por desafios profissionais em que pude entender como essa minha habilidade para me relacionar com as pessoas poderia render negócios lucrativos e duradouros.

Um desses empregos que ajudou a treinar a minha habilidade de me relacionar com as pessoas foi como recrutador de promotoras para a divulgação de alguns empreendimentos imobiliários no interior de São Paulo. O modo de operação dessa incorporadora era bem disruptivo para a época. A empresa colocava meninas nos postos de combustíveis entregando cupons para as pessoas preencherem e ganharem os terrenos. A cada cupom preenchido, elas ganhavam uma comissão, e eu, como recrutador, também. Para conseguir recrutar as meninas, eu entrava nas comunidades de promotoras no Orkut (rede social precursora de Facebook e Instagram) das cidades que visitava e mandava mensagem para várias pessoas. Depois, marcava uma entrevista com elas no meu escritório.

Agora, adivinha onde ficava o escritório? Na praça de alimentação de shoppings centers. Isso mesmo. Comecei em Curitiba, no Paraná. Saí de Jundiaí, peguei um ônibus em uma viagem de seis horas e me hospedei em um hostel, dividindo o quarto com três desconhecidos. A grana não permitia mais do que isso. Mas eu acreditava no meu feeling para fazer aquilo dar certo.

Na entrevista, conversava com a menina e pedia para indicar mais cinco amigas. Entrava em contato com elas, oferecia a vaga e pedia mais indicações. Lembro-me de que uma vez a empresa marcou de fazer um treinamento com essas promotoras, e eu levei 82 meninas. Seis agências juntas levaram dezoito. Eu havia criado uma agência sem perceber. Fiz esse trabalho por mais alguns meses em outras cidades, como Santos, Sorocaba e São Paulo, e estava me achando o melhor cara de todos. Cheguei a ganhar 100 mil reais por mês, e o que eu tinha que fazer era encontrar as meninas e coordenar a operação nos postos de combustíveis. Foi nesse período, inclusive, que fiz minha primeira viagem para os Estados Unidos.

Até que a empresa parou com essa ação e, mais uma vez, voltei à estaca zero. Voltei a ser o Gabriel sem emprego, sem faculdade e que precisava procurar outra coisa para fazer. Deparava-me com os altos e baixos novamente. Mas já entendia que eu tinha uma essência de vendedor dentro de mim e fui trabalhar como representante comercial no setor da construção civil, que passava por um *boom* na época.

Era uma área completamente diferente para mim. Trabalhava com grandes projetos e, nesse caso, a decisão da compra é demorada. Você tem que ficar meses prospectando aquele cliente, criando confiança, passando orçamentos, negociando preço, prazo de pagamento e entrega até o negócio ser fechado. Passei três anos praticamente pagando para trabalhar.

Via meus amigos se formando na faculdade, meu dinheiro acabando e eu continuava visitando obra, debaixo de sol, tentando fazer com que aquelas pessoas acreditassem no produto que eu vendia e o comprassem.

O dinheiro que ganhava, eu reinvestia no cliente – isso quando não levava um calote, e a empresa deixava de pagar a minha comissão. Pagava almoços e cafés da manhã para os compradores da empresa, levava o gerente para happy hours e por aí vai. Gerava valor para aquelas pessoas antes de extrair qualquer coisa. Eu não sabia disso na época, fazia de maneira intuitiva, mas essa é a alma do networking.

> **GERAVA VALOR PARA AQUELAS PESSOAS ANTES DE EXTRAIR QUALQUER COISA. EU NÃO SABIA DISSO NA ÉPOCA, FAZIA DE MANEIRA INTUITIVA, MAS ESSA É A ALMA DO NETWORKING.**

Sabia que estava gastando mais do que ganhava, mas acreditava no que fazia. Enquanto visitava as obras e as construtoras, tentava conhecer o máximo de pessoas possíveis e fui crescendo a minha rede de contatos. E foi justamente esta rede que me trouxe a maior das minhas oportunidades de negócios. Olha só como é importante criar essa rede! O Armando, diretor de compras de uma construtora gigante, mas que eu havia conhecido quando ele trabalhava em uma empresa menor, me ligou falando que estavam precisando de tubos de concreto e que eu teria quinze dias para apresentar um orçamento competitivo.

Agora, vamos lá: se peguei um ônibus por seis horas para chegar a Curitiba e recrutar promotoras sem nem saber ao certo o que elas fariam, você acha mesmo que eu negaria uma proposta dessas? Pesquisei na internet onde estavam os fabricantes – só havia cinco no Brasil – e fui visitar um a um. Dois nem me atenderam, um foi extremamente arrogante e o outro o negócio não deu certo. Restava o último da lista, era partir para o tudo ou nada.

Cheguei ao local e vi uma pessoa saindo da fábrica e entrando em uma caminhonete. Pelo porte do carro, imaginei que fosse o proprietário da empresa. Me aproximei e falei:

— Olá, tudo bem? Você trabalha aqui?

Ele assentiu e eu continuei:

— Você deve ser o dono. Tenho uma proposta. Desmarque o que está indo fazer agora, reúna-se comigo, que eu tenho um negócio de 25 milhões de reais de contrato — falei, sem nem respirar para captar a atenção dele.

Por incrível que pareça, ele me escutou, mesmo com uma reunião já agendada, e me indicou quem poderia me ajudar. Saí de lá com um orçamento, depois tivemos que fazer ajustes para ficar dentro da concorrência, e essa pessoa esteve ao meu lado durante todo o processo. Claro que ganhamos o projeto. Minha comissão? Algo em torno de 1 milhão de reais, a maior da minha carreira.

A partir daí, minha vida na construção civil mudou e começou a entrar um pedido atrás do outro. "Vou ficar rico", era o que eu pensava. Passei mais dois anos trabalhando com representação comercial. Trabalhei muito, mas ganhei muito dinheiro também. Tanto que, em 2014, quando o mercado de construção civil entrou em crise, eu não quebrei. Pude optar por sair pela porta da frente. Estava capitalizado e resolvi que escolheria com o que trabalhar. Chegou a minha hora de, finalmente, ter minha própria empresa e, mais do que isso, escolher qual o segmento em que eu gostaria de trabalhar.

Tentei Voar: uma empresa de milhões

Eu abri e fechei dezenove negócios antes da Tentei Voar, empresa que fundei em 2019. Transitei entre diversas áreas, como aplicativo de relacionamentos, marca de roupas, festas, agência de marketing de influência, entre outras empreitadas. Foram anos quebrando a cara, aprendendo na dor a fazer negócio, mas não desisti. Acumulei frustrações, insegurança, me achava a pior pessoa do mundo, mas, dentro de mim, ainda acreditava que algo daria certo. Em meio às inseguranças, reclamações, autossabotagens, consegui extrair forças de onde nem eu sabia que tinha para transformar tudo em combustível para seguir em frente.

Estava quase sem dinheiro – de novo – mas com muita vontade de fazer acontecer e já muito cascudo com os episódios recentes desprovidos de sucesso. Foi então que surgiu a ideia da Tentei Voar, startup que antecipa indenizações aéreas aos passageiros. Na prática, a empresa pagava um valor em troca da cessão de direitos de uma ação indenizatória com as companhias aéreas. O passageiro lesado recebia com antecedência e nós entrávamos com uma ação contra a empresa. Já na primeira ação, paguei 750 reais ao cliente pela cessão de direitos e recebi da empresa aérea 3.500 reais.

Percebi que esse negócio era incrível e tinha tudo para dar certo. Agora o desafio era: como vou ser visto? Como vou ter acesso a mais pessoas insatisfeitas com as companhias aéreas? A partir daí, criei uma

Consegui extrair forças de onde nem eu sabia que tinha para transformar tudo em combustível para seguir em frente.

A vida é uma resenha
@gabriel_khawali

campanha orgânica no Instagram, fiz parcerias com influenciadores para gerar mais leads[1] e consegui boas parcerias com artistas famosos usando o marketing de influência. Como a Tentei Voar tinha vouchers de passagens das empresas aéreas, trocava por posts e stories no Instagram dessas pessoas. Eu comprava publicidade no perfil de influenciadores com relevância e audiência na base da permuta. Também comecei a agilizar o hotel para essas pessoas. Tudo na base do relacionamento. Criei uma máquina de mídia e um gerador de leads investindo muito pouco. Com isso, meu negócio cresceu exponencialmente e, quinze meses depois, vendi a Tentei Voar para um grupo de investimentos. Foi um negócio de milhões.

Digo que antes da Tentei Voar, eu era um acumulador de frustrações. A partir dela, tudo mudou. Hoje, quando olho para essa fase, enxergo-a não apenas como uma vitória, mas também como uma grande escola. A cada viagem que eu organizava para um famoso, dava um jeito de conseguir um quarto para mim e ir no mesmo período. Graças a esse momento da minha vida, acumulei mais de trinta viagens para Fernando de Noronha, um destino para onde eu levava muitos influenciadores. E foram esses momentos que escancararam em minha cabeça como era possível se divertir e fazer negócios ao mesmo tempo.

---

[1] Leads são possíveis clientes.

Eu precisei passar por tudo isso para me transformar no Gabriel que entende de pessoas, relacionamentos descontraídos e negócios. Essa longa jornada teve seguramente milhares de cafés tomados que não deram em absolutamente nada. Isso me abriu muito a cabeça e moldou o empresário que sou.

> **EU PRECISEI PASSAR POR TUDO ISSO PARA ME TRANSFORMAR NO GABRIEL QUE ENTENDE DE PESSOAS, RELACIONAMENTOS DESCONTRAÍDOS E NEGÓCIOS.**

Enfim, a Resenha do Gab

Mas a Tentei Voar não me deu só lucro. Aliás, diria que os ganhos financeiros nem foram os mais importantes. Fui tema de reportagens em veículos extremamente relevantes, como a *Forbes*. Como bom marqueteiro que sou, usei esse grande troféu em minha estante para ganhar reconhecimento. E com reconhecimento e autoridade, fazer networking passou a ser muito mais fácil. As pessoas ficam mais disponíveis para lhe ouvir e estarem próximas a você. Hoje sou próximo de grandes empresários, cantores, atores, influenciadores, atletas e por aí vai.

Esta rede de contatos foi o *start* para a realização do primeiro jantar que organizei na minha casa. Após vender a Tentei Voar, tinha a intenção de passar um ano sabático viajando, mas você lembra que contei que não consigo ficar parado? Viajei por duas semanas e já não aguentava mais o período de baixa produtividade mental. Rapidamente voltei da viagem e fiz um jantar em meu apartamento. Não tinha nenhum objetivo específico, a não ser reunir pessoas bacanas e não óbvias de se conhecer. Convidei artistas, como Cléo Pires e Marília Mendonça, além de CEOs de grandes companhias e empreendedores.

No começo da noite, confesso que o clima foi meio esquisito. As pessoas não entendiam direito o motivo do encontro, mas depois de um tempo – bem curto, aliás –, estavam todas conversando, falando de negócios, trocando contatos e se divertindo. No dia seguinte, recebi várias mensagens de agradecimento. A experiência foi tão legal que repeti outras vezes, sempre com a mesma premissa: promover encontros leves e descontraídos entre pessoas legais que havia conhecido ao longo da minha trajetória.

Hoje tenho certeza de que esses encontros só deram certo porque eu soube criar um ambiente gerador de valor por meio das conexões que eram feitas lá. Ao mesmo tempo, geravam muito valor para mim, pois eu estava organizando tudo aquilo e, em tempos de redes sociais, esses jantares reverberavam bastante da porta para fora.

O negócio foi crescendo, crescendo, até se transformar na Resenha do Gab, que continua a acontecer, porém em formatos diversos.

Como você pode ver, a minha vida foi repleta de insucessos e decepções, mas precisei passar por cada uma dessas etapas para aprender a fazer networking de maneira diferente da que fazem por aí. Eu afirmo: são nos momentos mais despretensiosos que as conexões de fato acontecem. Nosso movimento é este aí: unir momentos leves e descontraídos ao networking *high level*, porque sabemos que temos uma comunidade empreendedora que anseia por conexões relevantes e momentos divertidos em que podemos desopilar e esquecer do mar de problemas que é a vida empreendedora.

A Resenha do Gab mudou a minha vida. Por meio dela, foi possível identificar a interseção perfeita entre aquilo que amo fazer e o trabalho que realizo. Diferente da maioria das pessoas que não suportam a segunda-feira, eu fico torcendo para ela chegar, porque sou muito feliz em meu trabalho.

Quero que esse meu networking descontraído também seja um marco na sua vida. Com o aprendizado que terá nas próximas páginas, você adquirirá *skills* que nenhuma faculdade dá e ainda iluminará as suas ideias. Confesso que você pode até achar algumas simples, quase óbvias, mas aposto que nunca deu um passo adiante para colocá-las em ação porque não tinha experiência suficiente. Aliás, normalmente, quanto mais óbvio, mais dinheiro dá.

Mas vamos fazer já um combinado: coloque em prática tudo o que aprender. Não tenha medo de quebrar a cara. Não tenha medo de errar. Só é bom quem arrisca.

Só se torna bom quem aprende com o erro. Se ficar esperando que tudo seja perfeito, tipo a vida que seus pais idealizaram para você, vai se decepcionar muito. Isso é conto de fadas, e quem acredita nesse roteiro dos sonhos vive em um eterno "mimimi". A vida de verdade é selva, e você tem que ter coragem para encará-la.

Contei a minha história aqui para você perceber que, mesmo diante dos problemas que surgiram ao longo do caminho, eu não desisti de mim e não me rendi à mediocridade. Sempre investi e acreditei na força dos relacionamentos que fui fazendo ao longo da vida, por mais que, às vezes, eles pareçam uma enorme perda de tempo. O que eu precisava era aprender como transformar isso em negócios. Aprendi tanto que entendi que a minha missão era passar meu conhecimento adiante.

Minha intenção é que este livro seja o início de um caminho de novas oportunidades, de novos negócios e de um olhar diferente para a sua vida social. Afinal, a vida pode ter diversão e alta performance ao mesmo tempo.

Aliás, falando em diversão, garanto que você vai se divertir com as minhas histórias e ficar instigado a agir rápido ao percorrer esse caminho de aprendizado comigo. Vamos lá?

Todo mundo acha que sabe fazer networking
―――

Tenho certeza de que você já ouviu falar sobre networking. E não foi pouco, não. Afinal, aquele seu amigo do trabalho que circula bem entre as pessoas de diferentes departamentos fala que tem um bom networking. Você julga que o diretor da empresa, óbvio, tem um bom networking. E até você mesmo, que conhece um monte de gente, considera-se uma pessoa boa de networking.

Mas será que só o fato de ter uma lista de contatos gigante no celular significa que você tem um bom networking? Pois é, eu também tinha essa visão. Como contei, sempre circulei bem em diferentes grupos e, quando chegava em um local desconhecido, rapidamente me enturmava com quem estivesse lá. Passei muitos anos acreditando nessa falácia, até que me dei conta de que uma agenda de contatos que não gera nada para mim nem para outras pessoas não passa apenas de uma lista com muitos números de telefone de pessoas que um dia eu conheci.

Pode ser que você também já tenha acreditado que basta ter uma lista de contatos gigante para ter um bom networking ou, pior, ainda acredita nesse falso conceito e acha que estou falando uma grande bobeira. Então, vou lhe propor um teste rápido: pegue a sua agenda do WhatsApp agora e escolha um contato que seja o mais top, o mais *high level* que você tenha. Pode ser o CEO ou diretor de uma empresa ou um grande empresário, enfim, uma pessoa que você considera que se encaixa no perfil que mencionei. Se você mandar uma mensagem para esta pessoa agora, ela vai se lembrar de você? Será que ela vai responder a mensagem, como fazem as pessoas que são próximas a você, ou vai, simplesmente, deixar a sua mensagem mofando no celular?

Olha, eu não tenho o poder de saber a sua resposta, mas é provável que ela só responderá se vocês tiverem uma conexão que vá além do encontro informal. Imagine quantas mensagens e telefonemas ela recebe todos os dias. Garanto que mais da metade fica perdida por lá e nunca é respondida.

Eu passo por isso. Conheço muitas pessoas e recebo centenas de mensagens por dia. Há amigos, parceiros de trabalho, prestadores de serviços e também a turma que teve contato comigo uma vez ou conseguiu meu contato sei lá como e me manda mensagem pedindo alguma coisa. Você acha mesmo que eu vou responder todo mundo?

Quando uma pessoa se dispõe a atender um telefonema ou responder às mensagens que recebe, precisa focar sua atenção e disponibilizar uma parte do seu tempo para isso. E atenção e tempo são dois itens preciosos demais nos dias de hoje. Então,

Atenção e tempo são dois itens preciosos demais nos dias de hoje.

A vida é uma resenha
@gabriel_khawali

o CEO importante só vai lhe responder se você tiver reputação suficiente para que ele gaste esses itens com você.

Portanto, ser uma pessoa bem conectada é muito diferente de ter o contato de pessoas relevantes. Ter de fato networking consiste em ter credibilidade para que essa pessoa, por mais importante que seja, esteja disposta a conversar com você.

Vou lhe dar um exemplo prático e com nomes bastante conhecidos para ilustrar o que quero lhe dizer. Há muitos anos, estava em um evento e vi o ator Cauã Reymond. Tínhamos amigos em comum ali naquele dia e conversamos por cerca de trinta minutos. Se eu ligar para ele agora, você acha que ele vai me atender? Claro que não, pois nós não somos conectados. Só conversamos por alguns minutos.

Mas se eu ligar agora para a Cléo Pires, a história muda. Ela vai me atender ou, pelo menos, me mandar uma mensagem, porque me conhece bem. Já a ajudei em algumas viagens que ela queria fazer. Ela também já foi a jantares na minha casa. Já fez algumas publicidades para mim ou para empresas parceiras a partir da minha intermediação. Já nos encontramos algumas vezes em Fernando de Noronha e sempre trocamos bastante ideia nesses encontros. Repare que há uma relação de geração de valor. Eu a ajudei, depois ela me ajudou, e assim formamos uma conexão genuína, por meio de compartilhamento e reconhecimento. Isso, sim, é networking.

Daí a minha conclusão de que todo mundo *acha* que sabe fazer networking, mas a verdade é que essa palavra está extremamente banalizada. As pessoas entendem muito pouco a lógica de construir boas relações. Guarde esta informação que no Capítulo 3 vou voltar a falar sobre isso.

Essa visão errada tem um impacto direto na sua vida e na sua carreira, porque a real é que você precisa se esforçar muito para que alguém enxergue valor no que faz e, como consequência, você consiga aumentar suas chances de crescer profissionalmente. Uma coisa é fato: se você ficar quieto, no seu canto, acreditando que alguém daquela sua lista enorme de contatos vai se lembrar de você quando surgir uma oportunidade, vai cair do cavalo. E isso não é só uma percepção minha. Um estudo publicado no *Academy of Management Journal* e conduzido por pesquisadores americanos mostrou que pessoas que mantêm redes mais fortes entram em um ciclo produtivo que as beneficia de muitas maneiras: elas têm mais acesso a informações e recursos (que colaboraram para a sua maior capacitação e proporcionam melhora no desempenho profissional), ainda mais chances de promoções ao longo da carreira e, consequentemente, salários mais elevados.[2]

---

[2] SEIBERT, S. KRAIMER, M. LIDEN, R. A Social Capital Theory of Career Success. **Academy of Management Journal**. n. 44, 2001. Disponível em: https://www.researchgate.net/publication/228831713_A_Social_Capital_Theory_of_Career_Success. Acesso em: 7 jun. 2024.

A saída, então, para quem não sabe usar esta rede é trabalhar cada vez mais para mostrar resultados, para ver se consegue ser lembrado quando surgir uma oportunidade. Não há tempo para diversão, o tempo é todo dedicado apenas ao trabalho. A família, então, fica em segundo plano. Praticar uma atividade física, nem pensar. Se essa pesquisa mostra que você entra em um ciclo positivo, aqui seu comportamento o leva a um ciclo negativo e repetitivo. Seu networking não funciona e você tem menos oportunidades. Por isso trabalha mais, tem menos tempo para a família e para cuidar de si mesmo. Insatisfeito, acaba não participando de eventos, festas e outros momentos descontraídos, perdendo a chance de criar novas conexões. Olha o que acontece com você:

Levando a vida dessa forma, o networking passa a ser algo totalmente secundário – isso quando é feito. Aí você cai em um desses dois erros (ou quem sabe até nos dois): achar que networking é uma grande bobeira e que é impossível criar relações que resultem em negócio e/ou achar que fazer networking é uma tarefa chata.

Quer saber o que eu penso? Chato é não fazer networking. Chato é não conseguir criar relações e achar que amigos e negócios não andam juntos. Diferente do que as pessoas pensam, networking não é algo subjetivo ou algo que está em alta porque virou quase que uma *trend*, afinal todo mundo faz networking. Mas sabe por que você ainda não extraiu valor do networking? Porque não o faz da maneira correta. Aprender essa habilidade fará total diferença na sua vida.

Para o networking dar certo, você precisa ser parte ativa desse processo. Ou seja, ele depende de você e da intenção que coloca em suas ações. Mas aí as pessoas têm a tendência de sempre colocar a culpa no outro e criticar algo que, na verdade, ele próprio não consegue fazer. Então, se você não se conecta é porque o networking é chato.

Quem pensa desta maneira ainda não entendeu a importância do networking e precisa muito ler este livro. Além disso, essa pessoa só pensa desta maneira porque não se credencia a ser interessante para ninguém. Costumo dizer que existe o interesseiro, o interessante e o interessado. Entender essa dinâmica desempenha um papel crucial no desenvolvimento das conexões pessoais e profissionais. Vou explicar cada um deles:

INTERESSANTE	É aquela pessoa que atrai a atenção e o interesse dos outros. Ela tem carisma e habilidade para engajar outras que estão ao seu redor, seja por meio das suas ideias, dos seus conhecimentos, das suas experiências ou pela própria personalidade, gerando valor por meio das conexões profundas. Na Resenha do Gab, um convidado que compartilha experiências únicas de suas viagens ou insights da sua carreira pode, rapidamente, tornar-se o centro das atenções, estimulando conversas ricas e trocas de ideias, por isso se torna interessante para aqueles que ali estão.
INTERESSEIRA	É aquela que busca estabelecer relações baseadas em obter benefícios próprios. Ela mira exclusivamente nas próprias vantagens, seja um novo negócio, uma parceria lucrativa ou um contato que possa lhe abrir portas. Mesmo na Resenha do Gab, um ambiente colaborativo, é possível encontrar indivíduos deste perfil. Embora esse comportamento possa render alguns frutos a curto prazo, não se sustenta, pois não há profundidade nas relações. Rapidamente, os outros percebem que não há reciprocidade na relação e tendem a se afastar dela.

(continua)

INTERESSADA

Na Resenha do Gab, esse perfil faz parte do maior grupo de participantes, pois acredita no nosso lema: "primeiro se faz amigos, depois se faz negócios".

Essa pessoa é curiosa e engajada no bem-estar e na história dos outros. Geralmente, se aproxima das relações com mente aberta e coração disposto a aprender e compartilhar e tem interesse em conhecer verdadeiramente as pessoas, suas paixões e seus projetos. Esse interesse autêntico pelo outro fomenta relações mais profundas e significativas, abrindo caminho para colaborações e oportunidades de negócios que são benéficas para todos os envolvidos.

Em suma, enquanto as pessoas interessantes inspiram e motivam, as interesseiras só pensam em extrair valor das interações, e as interessadas demonstram o poder da empatia e do interesse genuíno na construção das relações duradouras e significativas.

Quando uma pessoa não consegue ser interessante, ela inevitavelmente acaba indo para o caminho de ser interesseira. Se ela não criou uma reputação, não se tornará um ativo interessante. Veja bem em que grupo você está. Enxergar-se no lugar do interesseiro, caso seja a sua situação, dói, mas encarar a realidade é necessário. Só assim sairá da zona de conforto e assumirá a responsabilidade pelo seu crescimento pessoal e profissional. Enquanto não entender que você precisa ser interessante e interessado antes de ser interesseiro, provavelmente a sua vida relacional ficará estagnada, e, o pior, seguirá em looping.

Quem compreende esse raciocínio e pensa fora dessa caixa muda a própria trajetória. Certa vez, estava em Fernando de Noronha e conheci o Yuri, que era amigo da dona da pousada em que sempre me hospedo. Nos apresentamos e, papo vai, papo vem, ele me contou que trabalhava com vendas em uma empresa geradora de energia. Não tínhamos absolutamente nenhuma conexão profissional, pois o trabalho dele não me agregava em nada. Era apenas uma pessoa bacana para tomar cerveja na beira da piscina, entende? Um tempo depois, já em São Paulo, eu me mudei para uma cobertura, mas a internet no andar de cima não funcionava direito. Isso era um problema para mim. Comentei nos *stories* no Instagram, e o Yuri, que me segue, pediu o meu endereço e foi até o meu apartamento instalar um modem que resolveu o meu problema.

Olha só como ele foi inteligente. Lá em Noronha, aparentemente, ele não tinha nenhum elemento óbvio para me gerar valor. Algum tempo depois, conectados pelas redes sociais, ele encontrou uma oportunidade para se aproximar de mim de maneira genuína. Depois disso, eu o chamei duas vezes para eventos da Resenha do Gab, em que ele conheceu mais pessoas e aumentou o seu networking. O Yuri não só prestou um serviço bacana para mim, mas também descobriu uma maneira de ser interessante mesmo em um contexto desfavorável e nada óbvio.

Claro que existem pessoas bem-sucedidas que não fazem networking. Conheço várias, mas é certo que quem opta por esse caminho terá um universo de possibilidades infinitamente menor para se destacar. É como estar o tempo todo procurando uma agulha no palheiro para no final gritar: "Achei!". Mas enquanto esse alguém estava lá se debatendo entre as palhas para encontrar a agulha, um monte de gente estava acima dele, já usufruindo de benefícios e gerando oportunidades simplesmente pelo fato de aparecerem e se conectarem mais.

Quem ficou lá em cima do palheiro se relacionou direitinho, gerou valor, atingiu outro nível, mais rápido e com menos esforço. Portanto, o networking não é a pedra fundamental para o sucesso, mas é um grande atalho e um acelerador. Afinal, sucesso sem networking tem um teto. Sucesso com networking tem o céu como limite.

Operacional, desenvolvimento e estratégico

Na verdade, você pode até negar o networking, pode até falar que não é para você, mas preciso ser muito sincero. Todo mundo precisa desenvolver essa habilidade. O networking é tão importante que os especialistas em carreira e liderança, Linda Hill e Kent Lineback, separaram-no em três tipos. Em um artigo publicado na revista *Harvard Business Review*, eles explicam que para

Sucesso sem networking tem um teto. Sucesso com networking tem o céu como limite.

A vida é uma resenha
@gabriel_khawali

ter sucesso precisamos praticar o networking operacional, o networking de desenvolvimento e o networking estratégico.[3]

O primeiro – o operacional – é aquele que você necessita para realizar o seu trabalho do dia a dia. Ele é formado pelas pessoas da empresa em que você trabalha e de outros parceiros profissionais de cujo trabalho você depende para realizar o seu e vice-versa. Já o networking de desenvolvimento é aquele formado pelas pessoas de confiança, aquelas com quem você pode contar em um momento difícil, a quem pode pedir um conselho ou dica de como lidar com alguma situação, seja profissional ou pessoal. O terceiro tipo, networking estratégico, é o conjunto de pessoas que podem ajudar você a definir o seu futuro e a se preparar para ter sucesso. Tem a ver com o amanhã. Para os especialistas, precisamos ter essa rede estratégica porque "as forças que impulsionam a mudança na vida provavelmente virão de fora do seu mundo atual".[4] Foi o que fez o Yuri, aquele de Fernando de Noronha.

Como você viu, criar essas relações permeiam toda a sua vida. Além disso, faz parte do ser humano

---

[3] HILL, L. LINEBACK, K. The three networks you need. **Harvard Business Review**, 3 mar. 2011. Disponível em: https://hbr.org/2011/03/the-three-networks-you-need. Acesso em: 21 fev. 2024.

[4] Tradução livre. Original: *"You need a strategic network because the forces that drive change in your field will probably come from outside your current world". Ibidem.*

se relacionar desde o tempo das cavernas, quando se uniam para garantir a sobrevivência uns dos outros. São as relações que definem o seu momento atual, o que você já foi e o que será amanhã. De uma maneira ou de outra, são elas que ajudam você a crescer e prosperar. Eu só sou o que me tornei hoje porque cultivei esses bons relacionamentos ao longo dos anos. Demorei, sim, para entender como isso pode se transformar em um negócio – como contei na introdução –, mas quando entendi, minha vida deu um salto exponencial, tanto que virei referência no assunto.

Portanto, não dá para virar as costas e deixar de criar relações verdadeiras com as pessoas. Você já parou para pensar quanto o mundo seria mais fácil se as pessoas usassem seus conhecimentos adquiridos ao longo da jornada para somar na vida de outras que provavelmente ainda passarão por situações semelhantes? Parece quase uma utopia, mas se as pessoas tivessem como *modus operandi* ajudar o próximo, se criassem um looping positivo no qual um ajuda o outro, a vida de todo mundo ficaria mais fácil. É inerente ao ser humano o sentimento de retribuir. Somos programados para ajudar alguém quando também somos ajudados. Então por que não aplicar isso na sua vida?

No mundo acelerado em que vivemos, e com a competitividade cada vez maior, não existe mais a possibilidade de separar vida pessoal de vida profissional. Assim como separar o trabalho e o lazer. Os dois precisam andar juntos. E a maioria das pessoas ainda não entende que essa compartimentalização do tempo impede a construção e o fortalecimento de uma rede de apoio. Ou você está trabalhando ou está se divertindo. Esses dois momentos parecem não ter um encontro. Isso é um erro.

O lugar em que mais gerei oportunidades de negócio foi Fernando de Noronha, uma ilha turística para a qual as pessoas vão para se divertir e relaxar. E, enquanto me divertia, eu também trabalhava. Pode parecer meio fora da realidade, mas não é. Aquele lugar me gerava oportunidades, porque eu estava rodeado de pessoas interessantes e que estavam em um momento leve e descontraído: situação ideal para se fazer amizade e, consequentemente, criar uma relação de reciprocidade e confiança. São nesses momentos que nascem relações profundas com mais naturalidade e facilidade. O que você precisa é se colocar em lugares legais, com pessoas legais e fazendo coisas legais. Aí você começa a aumentar a probabilidade de que as relações maneiras floresçam em sua vida

O grande problema é que esse modo de levar a vida separando o que é trabalho e o que é lazer – e no fim sem ter tempo para nenhum deles – é contraintuitivo. Por que eles não podem andar juntos? Por que você não pode aproveitar um momento de trabalho para se divertir e continuar a ser produtivo? E por que não pode aproveitar um momento de lazer para fazer novos negócios?

Siga comigo que vou responder a essas perguntas no próximo capítulo.

Hora do trabalho, hora do lazer
―――

Para a maioria das pessoas, a rotina diária se divide praticamente em duas partes. A primeira é a do trabalho, e a segunda é do lazer ou dedicada a atividades pessoais, por exemplo, a família. Porém, em relação à distribuição de tempo, não existe simetria nessa divisão. O trabalho ocupa a maior parte do dia das pessoas em uma rotina que pode começar com oito horas diárias, mas é fácil encontrar quem trabalhe por dez, doze ou até mesmo catorze horas todo santo dia. E posso lhe afirmar com propriedade que não conheço um empreendedor de sucesso que trabalhe pouco.

Mesmo que você tente separar a pessoa física da pessoa jurídica, fica cada vez mais difícil se diferenciarem. Elas se misturam, e a credibilidade de ambas se conversam o tempo todo, nos momentos bons e ruins, nos momentos de trabalho e de lazer.

Ora, se estamos vivendo dessa maneira, o melhor então é que você consiga encontrar prazer durante os momentos de labuta, porém sem perder o foco na produtividade e lucratividade. Mas, para muitas pessoas, isso é errado. Aprendemos a vida inteira que trabalho é algo chato e desgastante. E mais: primeiro se trabalha, depois se diverte. Ou vai dizer que você nunca ouviu dos seus pais a frase: "Primeiro a obrigação, depois a diversão". Não sei você, mas eu consigo até mesmo ouvir a voz do meu pai me dizendo essa frase na época da escola. Não havia a mínima possibilidade de sair para brincar sem antes terminar de fazer a lição de casa.

Eu levei isso para a minha vida. Quando comecei a trabalhar vendendo consórcios de automóveis, como contei anteriormente, eu passava o dia naquele ambiente pesado, me comportando de uma maneira que não expressava o meu jeito de ser, porque eu acreditava que tinha que ser daquele jeito. Além disso, as pessoas que estavam lá também se comportavam daquela maneira. Resultado: contava as horas para ir embora. Eu odiava as segundas-feiras e amava as sextas-feiras, porque sabia que ficaria dois dias longe daquele lugar. Não conseguia fazer bons negócios, não me sentia produtivo e não entendia como a estrutura funcionava daquela maneira. Tanto que fiquei poucos meses nesse emprego e pedi demissão.

Separar trabalho e diversão é um comportamento tão natural que essa divisão acaba sendo fruto do nosso subconsciente. Nos ensinam que, para chegar ao pote de ouro ao fim do arco-íris, precisamos passar por um caminho chato, desgastante e cheio de obrigações. Não estou dizendo que o caminho até o pote de ouro é fácil, mas já pensou como essa separação acaba trazendo frustração? Afinal, a maior parte do nosso tempo é dedicada aos afazeres profissionais e, se não conseguirmos trazer qualidade para esses momentos, a tendência é que tenhamos uma enorme crise existencial. E mais: acabamos não sendo felizes em nenhuma das partes.

Olha só como eu vivia entediado naquele emprego engessado. Não agregava nada no lado profissional e, ao mesmo tempo, frequentava lugares para me divertir que não me agregavam em nada também. Na segunda tentativa como vendedor de consórcios, após quase um ano, resolvi fazer tudo diferente, resolvi ser mais autêntico e me comportar como sou de verdade, mais leve e informal, e um novo mundo se abriu para mim. Passei a me relacionar de maneira genuína com as pessoas e transformar aquelas – até então infinitas – horas de trabalho em algo prazeroso sem hora para terminar. Eu poderia prospectar um novo cliente durante uma conversa por telefone. Mas também poderia fazer isso em um happy hour no fim do dia. Na cabeça das pessoas, não existe a ideia de que há outras maneiras, muito mais leves, de se relacionar. Já apareci de chinelo em uma reunião com uma pessoa muito importante. E ficou tudo bem. Da mesma maneira que fiz um negócio de centenas de milhares de reais durante uma viagem na Europa, em um momento informal, com um grupo de executivos que também estavam de férias.

Para algumas pessoas, aparecer em uma reunião vestido de maneira tão informal ou fazer um negócio durante uma viagem de férias é impensável.

Na cabeça das pessoas, não existe a ideia de que há outras maneiras, muito mais leves, de se relacionar.

A vida é uma resenha
@gabriel_khawali

Isso acontece porque colocamos um grau muito grande de formalidade e seriedade nas questões profissionais. Existe uma regra implícita de que trabalho e roupa precisam ser formais, hora de trabalhar é horário comercial e o linguajar precisa ser o mais sério possível. Para mim, isso não faz o menor sentido.

O mundo está cada vez mais casual. A gravata, por exemplo, que era algo obrigatório no dress code de executivos há vinte anos, já foi abolida pela maioria deles. Steve Jobs e Mark Zuckerberg, que são bilionários, sempre se vestiram de maneira despojada: calça jeans e camiseta, quando muito colocam um blazer. Algumas empresas já permitem até mesmo que diretores trabalhem de bermuda, então por que ainda acreditar que um profissional precisa ser quadrado e seguir um estereótipo arcaico e antigo? Não deixe o seu subconsciente sabotar você!

O que eu vejo é que quanto mais competente a pessoa é, mais autenticidade ela tem. O que ela veste vira quase um detalhe naquele conjunto. Claro que existem momentos em que a formalidade precisa existir, o que estou falando é do excesso, da "ultraformalidade". Existem momentos em que essa seriedade não faz o menor sentido, mas as pessoas continuam aprisionadas nesse pensamento antigo e não saem da caixinha de jeito nenhum.

"Ah, Gab, mas a empresa em que trabalho não pensa assim. Ela exige formalidade máxima." Sim, pode ser que isso aconteça mesmo, e a única maneira de quebrar esse ciclo é saindo da sua zona de conforto, trabalhando com algo que o faça feliz e que esteja alinhado com o que você acredita e com o lifestyle que quer para si.

A grama do vizinho

Assim como aprendemos que obrigação e diversão não andam juntas, também criamos um complexo que nos faz acreditar que abordar outra pessoa tentando um contato mais próximo é errado, pois gera um incômodo para o outro lado. Assim, sequer nos sujeitamos a aprender a maneira correta de fazer essa aproximação e iniciar uma conversa que pode levar a um bom negócio.

Mas o mundo tem mudado muito rápido e, às vezes, alguns conceitos enraizados culturalmente ao longo de gerações podem trazer mais prejuízos do que benefícios. Estamos desbravando um novo momento em que tudo se resume a pessoas e conexões. Quem não entende essa lógica corre o risco de se sentir de fora do que acontece, gerando outros gatilhos nocivos, como ansiedade e nervosismo. Principalmente na era das redes sociais, quando se abre o Instagram e se tem a sensação de que todo mundo tem o emprego perfeito, a família perfeita, os amigos perfeitos, o dia perfeito, enfim, aquela vida que é seu sonho, mas você parece viver patinando, sem sair do lugar. Essa sensação tem até nome, é a Síndrome de FOMO. Do inglês *Fear Of Missing Out* (ou medo de ficar de fora), ela se refere ao sentimento de vazio quando temos a impressão de que os outros estão sempre melhores do que a gente – é aquela velha história de que a grama do vizinho sempre é mais verde – e que estamos perdendo algo importante que está sendo vivenciado pelos outros.[5] Embora o termo já exista há um tempo, ele vem ganhando mais força com a ascensão das redes sociais, em que a vida das pessoas é aberta a todos.

Diante do que se vê, a sua vida se torna ainda mais desinteressante. O que você precisa fazer é inverter a jogada. Torne a sua vida tão interessante que outras pessoas também tenham vontade de acompanhá-lo e segui-lo. Eu tenho uma estratégia pra isso. Na minha vida, procuro estar sempre ao lado de pessoas legais e que façam coisas que se conectam com o meu lifestyle. Eu consigo gerar valor para elas e elas geram valor para mim. Além disso, nas minhas redes sociais mostro as viagens que faço, os lugares *hypados* que frequento e, claro, a minha rotina de trabalho, que inclui, junto às obrigações, leveza e diversão. Dessa maneira, gero interesse e não me torno uma vítima de FOMO.

Essa estratégia também me coloca como autoridade diante dos outros. Uma pessoa que viaja muito e que anda com pessoas relevantes – que vão desde

---

[5] SCOTT, E. How to deal with FOMO in your life. **Verywell Mind**. 18 dez. 2018. Disponível em https://www.verywellmind.com/how-to-cope-with-fomo-4174664. Acesso em 14 mar. 2024.

executivos, empresários, artistas – torna-se interessante aos outros, como expliquei no capítulo anterior. Dessa maneira, cria uma audiência empreendedora que se identifica com o seu modo de viver a vida. Quando fechei aquele negócio de centenas de milhares de reais em uma viagem para a Europa, fiz *a priori* para ajudar um amigo que precisava bater a meta, mas sabia que ele tinha um potencial que poderia me trazer um retorno bacana em geração de valor. Foi um negócio de mão dupla. Eu gerei valor para o meu amigo e, com o negócio, acabei gerando valor para a minha empresa e para os meus clientes. Mas confesso que só entrei nessa por causa da minha atitude empreendedora, já que a percepção inicial do meu time foi que fiz uma grande besteira e que agi totalmente por impulso. No fim, valeu a pena, pois obtivemos lucro, além de autoridade gerada ao contarmos essa história nas redes sociais.

No fim, tudo é um conjunto de vivências pessoais que se cruzam com as profissionais. Quando comecei a ir para Fernando de Noronha, conheci muita gente bacana, como o dono de vários hotéis de lá. Por meio de um papo leve, descobri que ele sempre precisava de passagem aérea para levar funcionários e prestadores de serviço para a ilha. Isso gerava um custo altíssimo para ele, já que a passagem para lá é uma das mais altas do país. Na época, ainda tinha a Tentei Voar e acumulava muitos *vouchers* de voos com as companhias aéreas. Então me ofereci para ajudá-lo. Toda vez que ele precisava, me ligava, e claro que eu o ajudava.

Em troca, ele me apresentou para as pessoas mais interessantes que frequentavam a ilha. Isso me colocou no *hype* dos relacionamentos do local. Porque todo mundo queria ficar perto dele e, andando junto, também estavam perto de mim. Essa convivência me aproximou de pessoas bem interessantes que geraram outros negócios para mim. Eu conheci o dono dos hotéis em um momento de lazer, mas como estou sempre com a mentalidade virada para o negócio, consegui captar rapidamente a oportunidade de ajudá-lo, e isso gerou novas oportunidades para mim. Então o que era apenas uma viagem de lazer, colocando-me no lugar certo e ao lado das pessoas certas, transformou-se em trabalho. E olha que fui muitas vezes para Fernando de Noronha. Imagine o tanto de negócios que fechei lá ou a proximidade que criei que depois se transformou em negócio! Entende quando digo que não faz o menor sentido separar o trabalho da diversão?

A realidade é que estamos o tempo todo trabalhando. Ora com o trabalho em plano prioritário, ora em plano secundário. Mas o radar não pode ficar desligado nunca, até nos momentos mais leves, como as viagens de férias. Você vai ver como esse mindset de sempre estar ligado vai fazer com que o networking seja cada vez mais importante para a sua vida e a sua carreira. Nunca mais você se sentirá infeliz trabalhando ou com peso na consciência por estar somente se divertindo, afinal, a vida é uma fonte infinita de oportunidades, basta estar preparado e condicionado para aproveitá-las.

Fortalecendo as conexões: aprenda a fazer networking

Anos atrás, quem me via indo e voltando de Fernando de Noronha rotineiramente com certeza me achava um verdadeiro *bon vivant*. Estava sempre rodeado de pessoas interessantes – desde grandes empresários até artistas –, aproveitando o que há de melhor e circulando por todos os lados da ilha. Eu tinha livre acesso lá. Acho que só fui uma vez para aquele lugar com a intenção única de passear e descansar. Foi a primeira vez. Nas demais, estava sempre trabalhando – ainda que muitas pessoas duvidassem.

Transformar o trabalho em diversão ou achar uma maneira de fazer com que os dois ocupassem o meu dia simultaneamente foi importante para entender que o lifestyle que eu sempre sonhei era possível.

Até que um dia parei para tentar refletir sobre tudo aquilo que estava fazendo e foi então que entendi o segredo do meu sucesso como articulador de negócios. O que eu fazia era networking. Reunir as pessoas, fazer novos negócios e conectá-las a outras para que novos negócios aconteçam são minhas maiores habilidades, e eu já vinha praticando isso desde a época em que era vendedor de consórcios na concessionária de veículos.

O que me faltava era fazer com que isso também me rendesse frutos. Afinal, a conta não fecharia (e não fecha para ninguém) se eu fosse somente um grande gerador de valor por meio de conexões para os outros, mas não conseguisse também extrair valor.

Geração de valor é uma via de mão dupla. Por exemplo, ser próximo do CEO da maior empresa do país é legal, mas, depois de um tempo, se isso não me trouxesse algum retorno, mesmo que indiretamente, e eu só utilizasse esse contato para conectá-lo com outras pessoas, em algum momento cairia a ficha de que eu precisaria fazer mais por mim.

Assim descobri que, além de ser uma maneira enriquecedora de troca de informações e de conhecimento, o networking, entre outras características, tem a função de servir como um elo entre pessoas de diferentes áreas, como uma via para relacionamentos de negócios. Embora cada um esteja buscando o seu pote de ouro no fim do arco-íris, precisa existir o entendimento de que isso é um ambiente colaborativo em que todos saem ganhando.

Essa força do networking é tão poderosa que consegue transcender as relações comerciais. É que você pode, por meio dos contatos relevantes e das conexões que é capaz de fazer, colaborar com o meio em que vive e impactar a vida de muita gente. Se cada um fizer um pouco, todos juntos podem mobilizar grandes ações.

Em 2019, eu e uns amigos passamos o Réveillon na Praia dos Carneiros, em Pernambuco, e o Samuel, morador da região, foi o nosso motorista. O Samuca foi nota 10 com o grupo e esteve 100% disponível para nós. Acabamos criando uma relação amistosa com ele. Meses depois, começou a pandemia da covid-19, um período que marcou toda a humanidade e virou o mundo de cabeça para baixo. Muita gente necessitou de ajuda, e o Samuca foi um deles.

No auge da pandemia, ele me mandou um vídeo por WhatsApp chorando muito e mostrando sua dispensa completamente vazia. Ele e a família não tinham o que comer. Fiquei muito comovido e, além de fazer uma contribuição financeira pessoal, levei o caso às minhas redes sociais. Em menos de duas horas, conseguimos mais de quinze mil reais, bem como cinco voluntários de Pernambuco que se disponibilizaram para comprar os mantimentos e levá-los até a casa do Samuca, junto com outras doações. Ele ficou extremamente grato e me enviou os vídeos mostrando a filha de 8 anos feliz, divertindo-se com os brinquedos que conseguimos e, claro, a dispensa cheia de alimentos.

Outro exemplo desse poder das conexões aconteceu em 2024, na enchente histórica que atingiu várias cidades do Rio Grande do Sul. Fiz uma doação pessoal e usei as minhas redes sociais, repleta de importantes empresários, para angariar mais doações. Em poucas horas, já tinha convertido, por meio do networking, mais do que a doação monetária que fiz.

Olhe o potencial enorme que os bons relacionamentos têm para mudar a realidade de muita gente! Quando você tem um ponto de contato relevante com as pessoas –

nesses casos, os pontos foram as redes sociais, algo de fácil acesso, mas também podem ser algumas ligações ou qualquer outro meio –, a missão fica mais simples, mais rápida e significativa. Todos se unem para mudar a perspectiva de vida de alguém que necessita muito.

Tudo se resume a pessoas

Eu costumo dizer que sou mediano na maioria das coisas que me proponho a fazer, mas quando o assunto são pessoas, me considero um exímio entendedor. Tenho um amigo que sempre fala que eu sou referência nacional em inteligência social, justamente por entender como acontecem essas relações. E networking, seja voltado para os negócios ou direcionado para a defesa de uma causa, tem a ver com pessoas. Porque conexões são feitas com e a partir de pessoas.

Quando você enxerga o lugar do outro e enxerga como agregar ao outro, seu caminho fica mais fácil e as relações ficam mais genuínas e profundas. É a lógica por trás do networking que poucos dominam, da qual falei no capítulo 1. Por falta de conhecimento, a balança entre gerar valor e extrair valor fica desregulada. Todo mundo quer ter vantagem, mas ninguém pensa em uma troca. Quando organizo a Resenha do Gab, por exemplo, entendo o que as pessoas estão querendo quando vão e sei exatamente o que eu preciso oferecer para elas. Sei que o meu evento só vai ser incrível se os

Conexões são feitas com e a partir de pessoas.

A vida é uma resenha
@gabriel_khawali

meus convidados saírem de lá com a percepção de que valeu muito a pena. Eles estão me emprestando o seu ativo mais valioso, o tempo, e eu preciso fazer com que a percepção seja de que compensou estar na Resenha do Gab.

Por exemplo, considere um CEO muito importante, uma pessoa inacessível, com uma agenda extremamente complicada. Ainda não tenho conexão alguma com ele, mas desejo uma reunião para mostrar um novo projeto. Você acha que se eu ligar para ele nesse primeiro momento, ele vai me atender? A possibilidade é quase zero. Mas então descubro que ele é fã de Fórmula 1 e consigo um camarote no Autódromo de Interlagos para que esse CEO vá com a família. Será que se eu pedir um café ou almoço na próxima vez, para falar de negócios, ele não vai me atender?

Eu não pedi nada para ele. Primeiro, gerei valor para depois extrair valor. É uma relação de ganha-ganha. Guarde isto para sempre: networking só existe quando todos se beneficiam. Para isso, você precisa entender o contexto em que está inserido e como movimentar as peças corretamente, como um quebra-cabeças, para que todas se encaixem perfeitamente. Essa ferramenta é a engenharia social.

> **NETWORKING SÓ EXISTE QUANDO TODOS SE BENEFICIAM.**

Eu não sou o criador desse termo, mas o fato é que comecei a usá-lo e a aplicá-lo na minha vida sem nunca ter ouvido alguém falar nele. Por esta razão, vou me ater aqui a como o entendo e o pratico.

Engenharia, como você sabe, é a aplicação de princípios científicos e matemáticos para resolver problemas e melhorar o mundo ao nosso redor. É uma disciplina vasta e diversificada, que abrange ampla gama de campos, desde engenharia civil e mecânica até engenharia elétrica e de computação. O trabalho de um engenheiro é baseado, principalmente, nas *hard skills*, que são as habilidades técnicas. Antes de continuar, quero mostrar a grande admiração que nutro por engenheiros das mais diversas especialidades. Acho que se os engenheiros não forem os profissionais mais completos do mercado de trabalho, certamente estão perto do topo da lista.

Já a engenharia social é totalmente apoiada nas *soft skills*, que são as habilidades comportamentais utilizadas nos relacionamentos interpessoais. E essas habilidades tenho em abundância, mas não as aprendi em nenhuma escola, e sim ao longo da minha jornada, dando a cara a tapa no mundo. Aliás, não acredito que exista um ser humano no mundo que já nasça com o dom das *soft skills*. O que acredito é que existam pessoas com essa aptidão – e isso é um facilitador –, só que elas vão afinando essa habilidade ao longo do tempo. Inclusive, um estudo publicado em 1918 pela Carnegie Foundation, dos Estados Unidos, mostra que, desde aquela época, a maior parte do sucesso profissional de uma pessoa vem dessas habilidades interpessoais. Apenas uma pequena parcela é proveniente do conhecimento técnico.[6] Não dá para desprezar um dado tão importante.

No aniversário de dois anos da Resenha do Gab, eu queria fazer alguma coisa diferente para surpreender as pessoas e marcar essa data especial. Pensei em levar o Rodolfo Medina, presidente executivo do grupo Dreamers, responsável por grandes eventos como Rock In Rio e The Town, maiores festivais de música do país, para participar da palestra que acontece durante o evento. Mas não o conhecia e ele também não me conhecia. Como iria chegar em um dos caras mais requisitados do país e ainda conseguir captar seu tempo e a sua atenção para que fosse ao meu evento?

Um dos patrocinadores do Rock In Rio e do The Town é a Heineken, cujo diretor de marketing, o Eduardo Picarelli, é meu sócio em alguns projetos. Liguei para ele e pedi para me ajudar com essa conexão, pois entendo o peso que a marca tem para os festivais do Medina.

Dias depois, toca meu telefone:

— Oi, Gabriel, tudo bem? É o Medina.

Sim, o Medina me ligou. Contei para ele sobre o que era o evento e que queria que ele palestrasse para os trezentos convidados. Claro que fiz questão de mostrar

---

[6] MANN, C.R. **A study of engineering education**. Nova Iorque: Carnegie Foundation, 1918.

o valor dessa audiência. Não falei que eram trezentas pessoas, mas sim trezentos CEOs incríveis, que poderiam, inclusive, ser patrocinadores de algum evento dele. Isso é engenharia social. Eu tinha um contexto que me desfavorecia, mas soube movimentar as peças adequadamente para cortar caminho e chegar até a pessoa que me interessava. Além disso, usei essa habilidade para convencê-lo do valor gerado naquele evento.

O mesmo acontece quando eu vou fazer um jantar em casa. Existe uma ordem correta para chamar os convidados. Pego um nome forte, bem relevante e chamo primeiro. Quando ele confirma, chamo outra pessoa e falo sobre quem já confirmou. Ou, se eu sei que o X quer se conectar com o Y, chamo um e, posteriormente, aviso que o outro estará lá. Portanto, movimento as peças adequadamente para gerar e extrair valor não só para mim, mas para todos os convidados do evento. E olha que, rotineiramente, junto executivos de grandes empresas, como Nestlé, Itaú, Farfetch, Stone, Bombril, Adidas, entre muitas outras.

Repare que existe uma estratégia e intenção na engenharia social. Nada é feito por acaso, e é isso que você tem que aprender. Aplicando esse conceito, notei o impacto que causava em meu entorno – que foi ficando cada vez mais amplo à medida que esse superpoder, que é entender sobre pessoas, foi se tornando mais latente e natural – e percebi que era um engenheiro social, com a capacidade de manipular acontecimentos futuros por meio das minhas ações.

Obviamente não se trata de uma ciência exata, mas sim de probabilidades. Quando colocamos intenção e estratégia nas relações humanas, aumentamos consideravelmente a probabilidade de chegarmos a resultados melhores.

Portanto, o networking se baseia na engenharia social, pois estamos o tempo todo construindo pontes de confiança e criando um clima de colaboração. E, mais uma vez, estamos falando de pessoas. Foi pensando nesse jogo de relacionamento que criei os três passos para construir relacionamentos genuínos, capazes de criar negócios relevantes e lucrativos. São eles:

Nos próximos capítulos, você vai entender como colocar tudo isso em prática. Esses três passos o credenciam para que você crie um bom networking. Mas você tem que ser parte ativa no processo, afinal, sempre precisamos de intenção e estratégia. A estratégia, eu vou lhe ensinar. A intenção precisa vir de você.

Esse processo também não é imediato, e sim uma construção que leva tempo. O primeiro passo você já está dando agora. Ler este livro é o começo da sua jornada, e uma oportunidade de seguir um caminho que vai impactar e potencializar seus resultados e sua vida social. Vamos lá?

Quando colocamos intenção e estratégia nas relações humanas, aumentamos consideravelmente a probabilidade de chegarmos a resultados melhores.

A vida é uma resenha
@gabriel_khawali

Foque a tríade de ouro
―――

A indicação é um dos pilares principais do networking. É por meio dela que as conexões são feitas e novos negócios surgem. Só indica, porém, quem tem certeza de que o outro é confiável, responsável e realmente bom naquilo que faz. Mas, para conhecer essas pessoas e ter uma aproximação, é preciso conviver com elas a fim de criar uma afinidade e ser autêntico o suficiente para que elas queiram ficar perto de você.

Nesse ciclo descrito acima, conseguimos identificar os elementos que compõem a tríade de ouro do networking, que são:

Cheguei a essa tríade analisando o meu próprio comportamento e também o das pessoas com quem convivi ao longo da minha jornada, bem como os melhores resultados que elas conseguem extrair do networking. Posso afirmar categoricamente: sem essas três características, você não conseguirá auferir grandes resultados oriundos de sua vida social.

Ninguém nasce sendo sociável, mas vai aprendendo essa habilidade com a prática e a repetição. Até eu, que sempre tive facilidade de me inserir em diferentes grupos, tive que calibrar o meu radar por muitos anos, para aprender a fazer networking de maneira mais eficiente. Por isso, começar pela tríade é tão importante. Naturalmente, temos a tendência de autossabotagem, de não nos acharmos interessantes o suficiente para nos inserirmos em um grupo ou fazermos networking com outros que, na nossa percepção, valem mais. Sabe qual é a diferença entre quem pensa assim e quem consegue, efetivamente, fazer networking? É que estes últimos sabem se colocar nos ambientes corretos e se comportar de uma maneira que os torna atraente aos outros.

O que você precisa é aprender como se posicionar nas mais diversas situações que vai vivenciar. Se você está em uma roda de conversa e sabe que tem algo a acrescentar, vá em frente, mostre quem você é. Do contrário, observe, ouça, faça perguntas. Você não estará interferindo, tampouco se expondo, mas mostrará a sua cara. O importante é não deixar esse sabotador interno dominar você e permitir que as forças negativas o impeçam de conquistar seus objetivos.

Dito isso, vou explicar cada uma das partes da tríade e como treinar para desenvolvê-las.

Reputação: crie promotores da sua marca pessoal

Em 1960, Stanley Milgram, um psicólogo social dos Estados Unidos, decidiu investigar uma teoria que havia sido descrita quatro décadas antes em um conto do escritor húngaro Frigyes Karinthy. Chamada na ocasião de Teoria dos Seis Graus de Separação, o autor levantava a hipótese de que todos no planeta estão conectados por apenas alguns intermediários. Na história, ele falava de seis pessoas apenas.

Para testar se a teoria funcionava na prática, Milgram pediu para que algumas centenas de americanos mandassem uma carta para uma mesma pessoa, no caso um completo desconhecido em Boston. Sem o endereço, elas deveriam enviar a carta a um amigo pessoal que acreditavam que poderia estar, de alguma maneira, próximo ao alvo. O resultado foi que todas as correspondências chegaram ao destino correto e, analisando o trajeto, Milgram descobriu que as cartas passaram por, no máximo, seis intermediários.[7]

Apesar de se tratar de um experimento sem muito valor científico, mostra de uma maneira muito simples como todos nós estamos conectados de alguma

---

[7] MORSE, G. The science behind six degrees. **Harvard Business Review**, fev. 2003. Disponível em https://hbr.org/2003/02/the-science-behind-six-degrees. Acesso em 12 abr. 2024.

maneira. Se na década de 1920 isso já era possível, imagine hoje em dia, com o avanço da internet e das redes sociais. Certamente, você já abriu o Instagram e descobriu pessoas em comum se seguindo que você nem imaginaria que pudessem ter alguma ligação.

Com o mundo hiperconectado, cuidar da sua reputação é um item ainda mais valioso. O mundo é muito pequeno – olha aí o experimento de Milgram para provar isso –, as pessoas se falam, comentam, indicam, e quando você é bem-visto e referenciado por alguém, os caminhos ficam absurdamente mais curtos.

Por outro lado, quem não cumpre com a palavra ou com o serviço com o qual se comprometeu a entregar tem um caminho duro – e digo que até impossível – para fazer um bom networking. Certa vez, recebi um convidado na Resenha do Gab e, assim como todos os convidados, ele fez muitos contatos e extraiu muito valor no evento. Lá mesmo, me falou: "Gabriel, estou dentro do Resenha Group. Pode fazer a minha reserva", que é um outro produto da minha holding, do qual vamos falar mais adiante. Dias depois, mandei o fluxograma de pagamento para fazer parte do Resenha Group e ele simplesmente desapareceu. Não se deu nem ao trabalho de dizer "Obrigado". Bom, cerca de dois meses depois, publiquei um story pedindo indicações de startups para investir. E quem aparece indicando a própria empresa? Ele mesmo, a pessoa que foi ao meu evento, comprometeu-se a adquirir um produto e sumiu. Como eu iria investir em uma pessoa que na primeira oportunidade já arranhou a própria reputação?

Você acredita que os grandes tubarões vão querer estar perto de quem tem a reputação ruim? Quem gostaria de fazer negócio com uma pessoa que está envolvida em algum caso de corrupção? Que apareceu no noticiário por comandar um esquema de pirâmide? Ou que enganou um sócio ou um parceiro de negócios? Provavelmente ninguém. Quem age com desonestidade, não importa se é algo pequeno ou gigantesco, tem depondo contra si os próprios atos. É como se ele tivesse uma placa pendurada no pescoço com os dizeres: "Perigo! Não se aproxime!".

Agora vamos partir para o lado das emoções. Isso também mexe com a sua reputação. Uma pessoa que vive de cara feia, é grosseira com o outro ou tem pavio curto também está arranhando a própria reputação. Claro que somos seres humanos carregados de sentimentos e, às vezes, dá, sim, vontade de mandar todo mundo para sei lá onde. Eu passo por isso e você também. Mas temos que ser responsáveis pelas nossas ações e assumir as consequências. Nesses momentos em que o nosso limiar de paciência não está dos melhores, é necessário tentarmos respirar e não deixar que atitudes impulsivas possam jogar contra nossa reputação. Afinal, a reputação demora uma vida para ser construída e pode ser destruída em alguns minutos.

Mesmo que ela demore muito para ser construída, isso não significa que você não possa colocar intenção para acelerar a construção de sua reputação. E não é tão difícil assim. Uma caminhada de dois degraus apenas pode lhe ajudar bastante a ganhar respeito. Mas atenção: você só vai subir e continuar rumo ao topo se colocar sinceridade e profundidade nestas ações. Nada que é da boca para fora ou forçado dura por muito tempo. Esses dois degraus têm que começar a fazer parte do seu *modus operandi*:

- **Degrau 1:** Saia do modo automático e tenha consciência das suas atitudes. Elas é que vão servir para que os outros o respeitem (alguns mais, outros menos). Às vezes, desde coisas que lhe parecem simples – como combinar um compromisso e não ir, falar que vai entregar algo e não entregar – até coisas mais sérias, vão mostrando para as pessoas quem você é de verdade.

E você precisa ter consciência dessas atitudes, entendendo como elas lhe prejudicam. O mundo não vai ter paciência nem compreensão com você, ou seja, se falar algo, cumpra. Se não puder cumprir, tenha uma boa justificativa. Seja ponta firme.

- **Degrau 2:** Coloque intenção nas suas ações. Se você tomou consciência das suas atitudes e conseguiu identificar onde está errando, o segundo passo é colocar intenção no que faz para que as pessoas passem a enxergá-lo de maneira diferente. Por exemplo, depende de você ser reconhecido como a pessoa que quer gerar valor ou aquela que só pensa em extrair valor. Descubra onde a sua reputação está ferida e comece imediatamente a agir no sentido contrário.

Você tem que cuidar e zelar pela sua imagem, pois uma boa reputação fará com que todas as pessoas aceitem tomar um café contigo. Você sabe quantos cafés já tomei para chegar onde estou? Centenas. Esse caminho não demanda só tempo, mas também investimento. E hoje é impressionante como a minha agenda é aberta para algumas pessoas e totalmente sem espaço para outras.

Uma boa reputação fará com que todas as pessoas aceitem tomar um café contigo.

A vida é uma resenha
@gabriel_khawali

Vida social ativa: divirta-se e conheça pessoas

Dentro de casa, ninguém é visto. E se você não é visto, não é lembrado. A frase é clichê, mas não há nada mais certo do que isso quando falo em networking.

Imagine o que seria do cantor Thiaguinho se não tivesse participado do reality-show Fama, da TV Globo? Se você não sabe, ele foi revelado pelo programa apresentado por Angélica em 2002. Apesar de não ter ganhado o prêmio principal, aparecer na TV lhe deu visibilidade para seguir na carreira e se tornar este fenômeno atual. Em 2023, só em um dos shows do seu projeto Tardezinha, ele reuniu oitenta mil pessoas![8] Participar do programa fez com que ele frequentasse um local em que conheceu mais pessoas do segmento em que atuava e, consequentemente, começaram a surgir mais convites para festas, eventos e trabalhos, o que permitiu que se tornasse uma pessoa conhecida.

Imagine se eu tivesse ficado trancado no escritório enquanto fazia representação comercial na construção civil, tentando prospectar clientes só por telefone? Ninguém iria me conhecer. Eu seria apenas o

---

[8] PASIN, L. "Nunca imaginei cantar para tantos", diz Thiaguinho após público de 80 mil. **UOL Splash**, 3 abr. 2023. Disponível em: https://www.uol.com.br/splash/colunas/lucas-pasin/2023/04/03/nunca-imaginei-cantar-para-tantos-diz-thiaguinho-apos-publico-de-80-mil.htm. Acesso em: 12 abr. 2024.

Gabriel. Qualquer Gabriel. Mas eu ia para a rua, visitava obras, marcava almoço com gerentes ou diretores de compras, participava de eventos do setor, ia a inaugurações de empreendimentos. De uma maneira ou de outra, estava sempre dando as caras e me permitindo ter oportunidades que pudessem surgir.

Isso me ajudou demais. Quando surgiu aquela oportunidade incrível de vender tubos de concreto, o meu nome foi o primeiro que veio à mente do Armando para fazer aquele negócio. Agora, analisando a situação, é nítido o quanto essa vida social foi responsável por isso. Mas me lembro bem de que, naqueles tempos, eu me achava um imbecil por estar fazendo tantas coisas e não enxergar resultado. Mesmo assim, fui resiliente e continuei dando a cara a tapa, e foi o que fez toda a diferença.

Para fazer networking, então, você precisa entender a importância e o poder da ambiência, assim como estar nas esferas sociais mais interessantes que o seu alcance financeiro possa colocá-lo; ou seja, precisa investir na sua vida social. Dentro de casa, você não se conecta com ninguém e cai no esquecimento. Além disso, perde a chance de desenvolver a *street intelligence*, que é a capacidade de aprender conceitos técnicos por meio da prática, da vida real mesmo, algo que sempre foi o meu guia.

> **DENTRO DE CASA, VOCÊ NÃO SE CONECTA COM NINGUÉM E CAI NO ESQUECIMENTO.**

As pessoas que vão à Resenha do Gab se permitem ser vistas. Ao mesmo tempo, se permitem conhecer outras pessoas. Quem vive essa experiência entra em uma roda próspera que nunca termina. É networking gerando networking!

É importante também ter noção de que não estamos falando apenas de diversão, mas sim de diversão associada a negócios. Entendo como é legal sair com aquele seu amigo de colégio que ainda continua fazendo piadas de quinta série – particularmente, adoro zoar os outros, mas o que não dá é fazer disso a base dos seus relacionamentos.

Eu tenho um amigo que toda terça-feira ia para o clube encontrar com a mesma turma de amigos. Ali eles bebiam cerveja, jogavam futebol e ficavam de conversa furada até a madrugada. Todas as terças-feiras, sem falta. Na quarta, acordava com aquela ressaca, sem vontade de fazer nada. Estar nessa roda, apesar de divertido, não lhe agregava em nada: não trazia conhecimento, não trazia novidades, não o ajudava a crescer profissionalmente. Até que um dia ele mudou de emprego e precisou se relacionar com mais pessoas. Foi então que um mundo novo se abriu. Ele encontrou uma roda que fazia mais sentido para ele. Meu amigo entendeu que estar nos lugares certos, fazendo algo positivo, algo que o enriquecesse intelectualmente, fazia toda a diferença. Ele continua frequentando o clube às terças, mas agora só vai uma vez por mês.

É networking gerando networking!

A vida é uma resenha
@gabriel_khawali

Às vezes, ficamos tão presos às tradições – esse encontro do clube era uma tradição dos amigos – que não percebemos que há outras coisas para fazer, outras rodas de conversas para estar. Talvez haja um comodismo nessa situação. É confortável estar com os amigos antigos. Conhecer gente nova dá trabalho, você tem que se expor e sair da sua zona de conforto. Mas se não der esse passo para a frente, a sua vida permanecerá para sempre na mesma situação. Fechando-se em uma zona de conforto, você não se dá a oportunidade de novas coisas acontecerem.

> **CONHECER GENTE NOVA DÁ TRABALHO, VOCÊ TEM QUE SE EXPOR E SAIR DA SUA ZONA DE CONFORTO. MAS SE NÃO DER ESSE PASSO PARA A FRENTE, A SUA VIDA PERMANECERÁ PARA SEMPRE NA MESMA SITUAÇÃO.**

Quer um exemplo fácil? Digamos que eu queira ser jogador de futebol. Se ficar jogando futebol no quintal, dificilmente serei descoberto por algum olheiro. Um drone teria que sobrevoar a minha casa para saber como jogo. Mas se eu começar a jogar em um clube, depois me inscrever em uma peneira de um time, mostrar o que sei fazer, as minhas chances aumentam. Certo?

Não sei se vou passar, mas estou me dando essa chance. E mais: posso até conhecer alguém do outro time que me dê uma oportunidade. O risco de não passar existe, assim como o risco de passar. O risco é uma força elástica que desponta tanto para baixo como para cima. Nesse exemplo, ao ir para a rua, nós criamos elementos que aumentam as possibilidades dessa força elástica despontar em nosso favor.

> **O RISCO DE NÃO PASSAR EXISTE, ASSIM COMO O RISCO DE PASSAR.**

Sempre busque estar com pessoas que lhe permitam crescer de alguma maneira. Um aprendizado, uma ideia bacana de um negócio, a possibilidade de se conectar com outras pessoas ou, simplesmente, um papo agradável. A vantagem financeira acaba sendo uma consequência desses encontros.

Para fomentar uma vida social assim, eu tenho seis dicas. Vamos lá:

1. **Saia de casa:** comece com pequenos encontros. Pode ser em um restaurante, no clube que frequenta ou até mesmo em um bar. Depois, vá aumentando esse grupo de pessoas e, por consequência, frequentando outros locais, até chegar naquele mais hypado.

O risco é uma
força elástica que
desponta tanto
para baixo
como para cima.

A vida é uma resenha
@gabriel_khawali

2. **Relacione-se com as pessoas:** nos encontros, procure conversar com o máximo de pessoas que conseguir. Procure encontrar alguma afinidade e vá aprofundando, com leveza, a relação. Afinal, você já saiu de casa e, se ficar parado em um canto do salão, não será visto.

3. **Programe-se financeiramente:** se você está buscando uma vida mais próspera e que lhe renda mais frutos, terá que investir pelo menos um pouco para estar nos lugares onde essas conexões acontecem. Pode ser na entrada de um evento vip, em um camarote ou até em uma viagem para um hotel bacana em que você sabe que encontrará muitas pessoas interessantes. Ou em um jantar em um restaurante luxuoso. Tudo vai depender do seu objetivo. No começo, talvez não seja possível estar nesses locais, mas coloque uma meta do tipo: "Em dois anos, estarei no camarote tal da Fórmula 1" ou "Na próxima imersão com tal pessoa, eu irei". Tudo na vida demanda tempo e dinheiro. Se você quiser ser o melhor advogado da cidade, terá que investir nessa formação. Se quiser ser um assessor financeiro muito requisitado, vai ter que se preparar para isso. E se quiser ser uma pessoa bem conectada, vai precisar estar nos lugares onde as pessoas legais estão. Foco no seu objetivo!

4. **Adquira um novo hobby:** tudo o que você faz nos momentos de lazer é considerado um hobby. E se

é nos momentos descontraídos que as conexões acontecem com mais facilidade, então o esporte, por exemplo, é uma maneira leve de conviver e criar afinidades. Jogar tênis, mergulhar, praticar corrida, yoga, jogar pôquer, tudo isso oportuniza novos ambientes sociais. Quando você desenvolve seus hábitos, são abertas mais portas e possibilidades de construir relações.

5. **Faça-se presente:** de maneira sutil, coloque-se próximo às pessoas. Ofereça ajuda quando necessário, mande uma mensagem no dia do aniversário, uma lembrança no Natal. Isso faz com que o seu nome seja lembrado na hora de uma festa, de um evento, uma viagem e por aí vai.

6. **Seja um bom ouvinte:** ninguém quer ouvir uma pessoa só falar de si mesma. "Eu fiz isso", "Eu faturei tantos milhões", "Minha empresa é a maior no segmento tal". É muito fácil enjoar dessas pessoas que só querem falar sobre si e seus feitos. No lugar de falar de si, pratique a escuta ativa. Escute o que o outro tem a lhe dizer de coração aberto, olhe nos olhos, balance a cabeça mostrando que está atento ao papo, comente, elogie. Isso, sim, é um diálogo, uma troca que aproxima as pessoas. Além disso, ao escutar o outro, você também pode captar coisas que são úteis para o seu dia a dia.

Autenticidade: você não é o centro do mundo

Talvez você não goste muito de ler o que vou falar agora, mas a grande verdade é que ninguém liga para você. As pessoas, em geral, estão tão imersas – e perdidas – em suas próprias questões que não têm discernimento para cuidar da própria vida, que dirá da sua. Se deixarmos o drama de lado, adquirir essa percepção é muito bom, pois nos encorajamos a correr atrás de nossos sonhos sem ligar muito para as opiniões dos outros, pois percebemos que são superficiais. Ninguém calçou seus sapatos para saber as dores de sua caminhada.

Durante muito tempo, fiquei perdido sobre a minha própria autenticidade. Queria estar nas rodas mais descoladas da sociedade, queria estar com as pessoas mais bem-sucedidas, mas não era como elas. Vivia como um camaleão, buscando me adaptar aos ambientes em que eu frequentava e até mesmo às pessoas. Tentava entender a linguagem delas, o jeito que elas se comportavam e achava que tinha que fazer igual para ser percebido. Uma tolice sem tamanho. Ninguém me respeitava. Aliás, nem eu mesmo me respeitava. Isso só me trouxe uma crise de identidade. Porque ser autêntico é se respeitar e ser fiel aos seus limites, sabendo onde se pode e quer chegar. E eu não estava agindo dessa maneira. Se continuasse agindo do mesmo jeito, ficaria para sempre na sombra dos outros.

Até que decidi ser quem eu era de verdade. Essa transformação não aconteceu do dia para a noite. Foi muito tempo batendo cabeça, e tive uma longa curva de aprendizado até conseguir encontrar a minha autenticidade. Expus as minhas vulnerabilidades, meus medos, mas também os meus pontos fortes e criei coragem de ser eu mesmo. Parei de me preocupar apenas com o que queria passar para os outros e passei a me importar também com o que eu queria ser. Com o tempo, ser autêntico foi se tornando algo natural e fazendo parte do meu *modus operandi*. Somente a partir dessa mudança, eu me tornei o cara de quem as pessoas queriam estar perto.

Mas o que é ser autêntico? A autenticidade é a sua marca registrada, a sua essência, o seu jeito único de pensar, até mesmo as suas esquisitices e estranhezas. Quando você consegue se posicionar a partir da sua essência, cria um rapport[9] com as pessoas.

Ninguém gosta de se relacionar com gente artificial. E, acredite, uma pessoa artificial, uma hora, é detectada. Assim como o interesseiro, a pessoa artificial pode até tirar vantagem no início, mas depois é descoberta. Ou seja, só consegue criar relações a curto prazo, sem profundidade.

Sempre que estou dando uma palestra ou falando com alguém sobre esse tema, inevitavelmente surge a pergunta: "Como é ser autêntico?". Vou deixar aqui algumas dicas. Lá vão:

---

[9] Rapport significa se aproximar das pessoas e criar uma relação de confiança com elas (N.E.).

- **Não se deixe levar pelo ambiente nem pelas pessoas:** quem tenta se adaptar aos outros ou aos contextos sociais só para passar uma imagem diferente do que é, vai perdendo a essência aos poucos e, em algum momento, isso não se sustenta mais, como estava acontecendo comigo.
- **Mostre a sua personalidade:** respeite quem você é e o que você pensa. Seja você mesmo.
- **Respeite o outro:** ser autêntico não é sinônimo de ser grosseiro nem de falar o que pensa sem se preocupar se isso vai magoar alguém. Colocar alguns filtros no seu comportamento também deve fazer parte da sua personalidade.

Enfim, ser autêntico é equalizar quem você é com quem você quer ser para o mundo. Agindo dessa maneira, você transmite ao mundo a sua verdade, e as pessoas enxergarão o seu valor.

Quem entende a tríade de ouro já está em vantagem em relação à maioria das pessoas no que diz respeito a networking e relacionamentos e está preparado para o próximo passo: a geração de valor. Esse é o assunto do capítulo a seguir. Aliás, é um capítulo muito importante.

Ser autêntico é equalizar quem você é com quem você quer ser para o mundo.

A vida é uma resenha
@gabriel_khawali

Gere valor

Em 2020, em plena pandemia da covid-19, com o país cheio de restrições, aconteceu algo que serviu de distração para a maioria das pessoas: as lives de artistas na internet. Difícil encontrar uma pessoa que não tenha assistido a uma dessas apresentações ou, pelo menos, tenha dado uma espiada. Cantores famosos uniam milhões de pessoas para assistirem aos seus shows e, entre esses, Marília Mendonça foi uma das que mais se destacou. Sua primeira live, realizada em abril daquele ano, teve 3,31 milhões de visualizações simultâneas. Foi a live mais vista da história do YouTube naquele ano.[10] Ela, que já era conhecida, tornou-se um fenômeno. Todo mundo queria estar perto da Marília.

Naquele mesmo ano, conheci o assessor dela, o Henrique Bahia, e me coloquei à disposição caso ela

---

10 PRADO, C. 8 das 10 lives mais vistas em 2020 são brasileiras; Marília Mendonça ganha de BTS e Andrea Bocelli. **G1**, 2 dez. 2020. Disponível em https://g1.globo.com/pop-arte/musica/noticia/2020/12/02/8-das-10-lives-mais-vistas-em-2020-sao-brasileiras-marilia-mendonca-ganha-de-bts-e-andrea-bocelli.ghtml. Acesso em: 25 abr. 2024.

precisasse de algo. Ainda estava na Tentei Voar e, como já contei, acumulava vouchers de companhias aéreas; além disso, dado o networking que eu fazia com hotéis, conseguia muitas cortesias para os famosos. De um lado, era um negócio para mim – pois trocava essas viagens por publicidades para marcas –, e, do outro, era um benefício para o famoso, que viajava praticamente sem custos.

Um dia, já em 2021, eu estava na casa dos meus pais, em Jundiaí, quando o Henrique Bahia me ligou. Atendi e, para minha surpresa, do outro lado da linha não era o assessor, mas a própria Marília Mendonça.

— Oi, Gab, tudo bem? Eu tinha uma viagem programada para a Disney, mas não vou conseguir ir por causa da quarentena obrigatória e tenho apenas oito dias de férias. Me falaram que Tulum, no México, não está fazendo exigências, quero ir para lá. Estou te ligando porque o Bahia me falou que se tem uma pessoa no Brasil que consegue organizar esse trem rápido é você.

— Quando você quer ir, Marília? – perguntei.

— Amanhã.

A resposta veio como um soco para mim. Como iria resolver essa questão? Pesquisei os voos disponíveis e vi que tinha um que sairia às 7h30min da manhã seguinte do Aeroporto de Guarulhos, em São Paulo. Um detalhe: Marília estava em Goiânia. Então, além de garantir voo e hospedagem para ela e a família em catorze horas, também tinha que arrumar um transfer entre Goiânia e São Paulo nesse período curtíssimo.

O mais óbvio seria negar o pedido e agradecer o contato. Mas sabia que se eu fizesse isso, estaria cortando de vez uma conexão importante que ainda estava se iniciando. Havia um valor imenso naquele pedido. Marília estava no momento mais *hypado* da carreira dela, e era um ativo publicitário de muito valor. Falei para ela:

— Me dá algumas horas que vou organizar tudo aqui.

Fiquei até duas da manhã no telefone, cuidando de item por item. Como estava muito em cima da hora, não consegui usar meus vouchers, mas decidi bancar o custo das passagens aéreas. Paguei 48 mil reais para fretar um jatinho de Goiânia a São Paulo e mais 100 mil reais em quatro passagens aéreas executivas até o México. Depois que resolvi as questões referentes ao traslado, fui atrás de hospedagem. Isso mesmo, ainda não tinha a confirmação de hotel quando os coloquei no avião. Afinal, era uma operação nada simples. Se eu quisesse fazer tudo redondinho e sem deixar pontas soltas, não daria certo. Tive que assumir o risco. Lembra que falei que o risco é uma força elástica com potencial de despontar para um cenário bom ou ruim? Nesse caso, fiz meus cálculos e decidi que valia a pena me arriscar.

Liguei para um diretor de um dos hotéis mais luxuosos de lá, no qual eu já tinha feito um trabalho com uma influencer, e contei a situação. Mas não pedi um quarto qualquer, eu queria a melhor acomodação do local. *Pô*, era a Marília Mendonça! Disponibilizar não era o maior problema. Havia uma questão mais preocupante: para conseguir a liberação da hospedagem, o hotel tinha um trâmite de sete dias para aprovação jurídica, do corpo de diretores, entre outras exigências.

Mas lembrem-se de que Marília já estava no avião.

Pedi, insisti, supliquei e, não me perguntem como, consegui a liberação da suíte mais cara do hotel – diária de 10 mil dólares – para a cantora em tempo recorde.[11] Em troca, o hotel pediu apenas que ela postasse que estava hospedada lá.

Continuei a organizar tudo. Restaurantes, passeios, balada e tudo mais o que Marília queria fazer lá. Para agilizar o processo, contratei uma empresa de Relações Públicas local para organizar a logística e registrar tudo o que ela fazia. Foi uma engenharia e tanto. Uma semana de trabalho pesado e com um investimento próximo a 200 mil reais feito por mim. Não assinamos um contrato sequer, eu não tinha obrigação de fazer aquilo, mas tinha uma estratégia, e ela se chama geração de valor.

É o que venho falando desde o começo do livro, pois a geração de valor é a base do networking. Se você não entende disso, não entende de conexões. Gerar valor faz de você uma pessoa importante, da qual todos querem estar perto. Eu afirmo categoricamente que

---

[11] MARÍLIA Mendonça fica em hotel em Tulum com diária de até R$ 55 mil. **UOL Splash**. 22 ago. 2021. Disponível em: https://www.uol.com.br/splash/noticias/2021/08/22/marilia-mendonca-curte-ferias-em-tulum-em-hotel-com-diaria-de-ate-r-55-mil.htm. Acesso em: 6 maio 2024.

retribuir é um sentimento inerente ao ser humano, portanto, quando você gera valor, existe uma chance maior de virar uma troca sustentável e você também receber valor.

Eu gero valor quando ofereço um ingresso para uma peça teatral bacana para um amigo. Gero valor também quando ofereço uma passagem aérea para levar os colaboradores da pousada de Recife até Fernando de Noronha (lembra-se dessa história?).

Essa contribuição lhe dá legitimidade. As pessoas vão nutrir um sentimento amistoso com você que será lembrado de uma maneira leve e bacana, tornando mais fácil a criação de laços. É como se você estivesse fazendo uma poupança de gratidão com outra pessoa.

Quando a Marília e seus convidados voltaram de viagem, superfelizes – foram me mandando fotos e vídeos o tempo todo, o que ajudou a criar uma relação entre nós –, liguei para ela e falei:

— Marília, a viagem foi muito legal, mas agora preciso de um favor. Me dê dez posts seus para fazer publicidade e pagar essa conta.

— Poxa, Gab, aí fica difícil. Meu empresário não vai liberar. Pode ser cinco? Aí fecho com você sem passar por ele.

Claro que aceitei. Olha como funciona essa lógica. Primeiro, eu me preocupei em gerar valor para a Marília. Quando pedi os posts, ela sabia que tinha uma dívida de gratidão comigo. Então, acatou o meu pedido. Mas isso só deu certo porque gerei valor para depois extrair valor. Não há nada errado em extrair valor, desde que feito da maneira correta. A pessoa que só se preocupa em extrair valor, e nunca em gerar, vai ser tida como "pidona".

Funciona assim:

Com os posts em mãos, ofereci para marcas importantes e que tinham sinergia com a Marília. Vendi cada um por 80 mil reais, um valor abaixo do que o empresário dela cobraria se a marca fizesse a contratação direta, mas suficiente para cobrir o custo que tive e me dar um lucro de 200 mil reais.

A minha disposição em ajudar ainda rendeu três stories que a Marília – por conta dela, não fazia parte do combinado – fez me agradecendo, o que nos aproximou bastante. A Marília virou uma pessoa acessível para mim. Isso significa que ela me atendia quando eu precisasse, disponibilizando um dos seus bens mais preciosos: o tempo.

Nossa relação se fortaleceu porque houve uma geração de valor dos dois lados. Mas nossa história poderia ter sido diferente. Imagine se quando conheci o Bahia, já pedisse para a Marília fazer os posts. O que eu tinha para oferecer para ela em troca? Nada. Além disso, já seria rotulado como o interesseiro, o pidão.

Não há nada errado em extrair valor, desde que feito da maneira correta.

A vida é uma resenha
@gabriel_khawali

Não tenho dúvidas de que minha história com ela terminaria aí.

Antes que você ache que sou incoerente, pois eu tinha um interesse quando comecei a ajudar a Marília, e já falei aqui que não podemos ser interesseiros, preciso esclarecer algo: a vida é um jogo de interesses. Isso não há como negar. Segundo: você não pode ser só interesseiro, precisa ser interessado. Como expliquei no capítulo 1, o interesseiro pensa somente em benefício próprio. Já o interessado pensa em fomentar relações mais profundas, abrindo caminho para negócios que sejam bons para os dois lados. Quando comecei a organizar a viagem, nem sabia qual seria a minha recompensa, mas sabia que aquilo me traria algo. Dito e feito: criamos, nessa situação, um contexto em que a geração de valor foi mútua e recíproca.

Então, para fazer networking é preciso também ter paciência, não somente para a construção sólida da tríade – reputação, vida social e autenticidade –, mas principalmente para colher os frutos.

A grande questão é: como fazer com que suas atitudes gerem valor?

Uma questão de hábito

O cirurgião Maxwell Maltz, na década de 1960, pregava que eram necessários, pelo menos, 21 dias para criar um hábito. Ele chegou a essa conclusão observando quanto tempo seus clientes levavam para se acostumar com as mudanças feitas em seu rosto depois de uma cirurgia plástica.[12] A sua Teoria dos 21 dias ficou tão famosa que é usada até os dias atuais como referência, embora novos estudos já tenham mostrado que não existe um número mágico para se adaptar a novos hábitos.

O que se sabe, porém, é que a repetição de uma mesma ação – seja em 21 dias ou em meses –, com disciplina e consistência, é fundamental para ela passar a fazer parte da rotina. Isso também vale quando falamos sobre gerar valor. Pode ser que ainda não seja tão natural para você, mas tenha em mente que se quiser tornar isso um hábito, deve fazê-lo ativamente.

Como gerar valor, então? Vamos às dicas do Gab:

1. **Pratique constantemente a geração de valor.**
   Seja empático o tempo todo. Quando isso acontece constantemente, tudo funciona melhor, porque você não vai ficar esperando alguma coisa em troca, mas sempre estará pensando em oferecer algo. Seu *modus operandi* é ser um gerador de valor. E nem precisa ser nada físico ou algo caríssimo. Uma indicação de vaga, um elogio por

---

[12] VIDAL, T. Mudar um hábito: o primeiro passo para mudar de vida. **GE**, 8 abr. 2021. Disponível em: https://ge.globo.com/pr/mude1habito/noticia/mudar-um-habito-o-primeiro-passo-para-mudar-de-vida.ghtml. Acesso em: 6 maio 2024.

algo que a pessoa fez, uma oferta de ajuda para enfrentar algum desafio profissional ou empresarial. Comece com pequenas ações que estão ao seu alcance.

Na hora de escolher como gerar valor, pense no que é importante para o outro. Analise o perfil da pessoa e o que você pode fazer por ela para que gere interesse. É um processo de empatia. Não adianta nada você achar que está gerando valor se a percepção da outra pessoa não é essa. Pense: "Será que essa pessoa quer receber o que ofereço ou será que estou oferecendo coisas que são relevantes só do meu ponto de vista?".

Vejo muitas pessoas olhando para o próprio umbigo e se dizendo boas em networking. Na verdade, um dos grandes segredos de pessoas habilidosas no que se refere à inteligência social é justamente o oposto: fugir do "próprio umbigo" e buscar entender a cabeça da outra pessoa. Empatia gera reciprocidade.

2. **Não espere resultados rápidos.**

Um erro super comum são as pessoas que geram valor achando que o networking é uma ciência exata e que o valor gerado tem que se reverter de modo imediato e proporcional em benefícios para si. Não existem resultados rápidos e, para falar a verdade, nem garantia de retorno. Você está plantando uma semente. Na maior parte das vezes, quem gera valor esperando resultado rápido acaba se frustrando muito, o que pode gerar aquela sensação de "não vale a pena". Confesso que já passei por isso. Em alguns momentos da minha vida, achava que todo mundo estava me sugando, só querendo tirar vantagens de mim, porque eu gerava valor diariamente, mas não via resultado. Só continuei – e olha onde cheguei – porque cada vez que vinha esse desânimo, eu invertia o jogo e silenciava o meu subconsciente.

3. Não peça favores.
Diariamente, recebo pedidos de algo pelas minhas redes sociais ou pelo WhatsApp. Geralmente são pessoas com quem não tenho o mínimo contato. Coisas do tipo: "Gab, me arruma o ingresso para assistir ao jogo do Brasil", "Gab, quero ir ao show tal, me ajuda". Às vezes, eu retorno e pergunto: "O que você tem a me oferecer?". Quando a resposta surge, aparece algo do tipo "Sei lá, do que você precisa?". Essas pessoas claramente não têm a inteligência social bem desenvolvida. Você, meu caro leitor, que está comigo até aqui, já deve saber que a melhor maneira de pedir algo para alguém com quem você não tem proximidade é buscando antes conquistar a atenção dela gerando algum valor que faça sentido.

Olhe outra situação e como o desfecho dela é bem diferente. Eu tinha ingresso para a final do Rio Open, um torneio de tênis superconcorrido que acontece no Rio de Janeiro. Perguntei no meu Instagram quem queria os ingressos e recebi 122 mensagens. Desse total, 80% só dizia "Eu quero", "Me dá". Aí aparece um rapaz que responde da seguinte maneira: "Me dê os ingressos que eu compro o Resenha Tennis League", que é um dos produtos da Resenha do Gab. Olha que diferença entre os dois acontecimentos. Esse rapaz enxergou que eu estava gerando um valor para ele e se preocupou em me retribuir antes de simplesmente pedir os ingressos, como dezenas de outras pessoas estavam fazendo. Óbvio que ele ganhou os tíquetes.

O lance não é só você pedir ou não um favor, mas saber para quem vai pedir e o que vai gerar para essa pessoa. Gere valor antes de pedir favor. Se vou fazer uma festa com vários influenciadores, posso pedir favores para os fornecedores porque vou mostrar que eles estão lá. Vira um marketing incrível para a marca. Você tem que ter uma contrapartida, principalmente no início. Hoje, eu posso pedir favores à vontade, porque as pessoas sabem que vale a pena. Mas foi uma conquista. Gerei muito valor antes de chegar a este ponto.

Gere valor antes de pedir favor.

A vida é uma resenha
@gabriel_khawali

4. **Seja um bom ouvinte.**
Mais uma vez, ouvir é fundamental. Sei que em frente àquela pessoa com quem você quer muito se conectar, dá uma vontade danada de falar tudo sobre você. Mas segure a ansiedade e dê a oportunidade de a outra pessoa falar também. Ela vai adorar ver que você está interessado nela, isso gera uma sensação de bem-estar e acolhimento. Você vai usar isso a seu favor.

5. **Entenda a máxima de "Deus no céu, dados na terra".**
Colete dados. Com o passo anterior em ação, descubra o que a pessoa gosta de fazer, quais são seus interesses, seus hobbies, sua profissão. No momento em que se conecta dessa maneira, você consegue entender melhor a personalidade da outra pessoa. Essas informações serão úteis na troca de valor, mas você precisa usá-las com inteligência. Não adianta ter esses dados e guardá-los em uma parte do seu cérebro que, com tantas outras coisas, ficam perdidas. Uma coisa é coletar dados. Outra é saber o que fazer com eles.
Por exemplo: você descobre para qual time de futebol a pessoa torce. Que tal comprar dois ingressos para a próxima partida e oferecer para ela? Aproveite para oferecer uma carona. Entre risadas e papo furado, fale sobre o assunto que deseja.

6. **Faça as pessoas se sentirem especiais.**

   Este é um dos passos mais simples, porém é muito relevante. A máxima dele não é difícil de compreender: quando tratamos o outro de modo generalista, isso nos descredibiliza e faz com que também sejamos tratados dessa maneira. E a recíproca é verdadeira, então, faça um esforço para que o outro se sinta especial sob seu olhar, para que ele também o considere alguém importante.

O objetivo da geração de valor é fazer com que o outro o enxergue. Da próxima vez, você não vai precisar chamá-lo para tomar um café. Você vai ficar tão interessante que ele vai insistir para tomar um café com você.

Faça parte de um ecossistema colaborativo (ou crie um!)
___

Na minha casa, tenho um quadro do artista contemporâneo Lucas Neder, de Salvador, na Bahia, que chama a atenção de todos que passam por lá. O quadro é, realmente, uma obra de arte. Eu e o Lucas nos conhecemos na Resenha do Gab, e nossa história é uma prova da geração de valor que tanto falo neste livro. Lucas foi ao evento como convidado de um amigo que temos em comum – aliás, apesar de seguir sempre aquela regra de etiqueta de que "convidado não convida", na Resenha sempre permiti que pessoas em que eu já confiasse levassem um convidado ou outro que poderiam agregar na composição da seleta lista. Algumas pessoas chamam essa estratégia de *Member Get Member* ou Programa de Indicação, mas para mim, nada mais é do que a famosa engenharia social de que tanto falo, e o Lucas foi ao nosso evento dessa maneira. Ele conheceu uma galera legal, gostou da proposta do evento e, em seguida, me presenteou com esse quadro pintado por ele. Para mim, é a obra de arte mais forte e impactante que tenho em casa. Detalhe: um produto deste tipo, personalizado, custa em torno de 30 mil reais. Lucas não queria extrair nada de mim, apenas gerar valor por meio do seu trabalho. Ele não se importou com o risco de doar seu tempo para criar algo para me dar.

A obra é tão valiosa, no conceito de qualidade mesmo, que chamou a atenção da minha arquiteta e ela encomendou um quadro dele. E mais: o apresentou a outra profissional. Esta pessoa, por sua vez, conectou o Lucas ao ex-jogador da seleção brasileira de futebol Ronaldinho Gaúcho, que encomendou um quadro para a sua casa. Então, o Lucas teve a chance de fazer um quadro para esse ídolo. Um salto e tanto para a sua carreira!

Repare na teia que se formou entre a participação do Lucas na Resenha do Gab até o quadro do Ronaldinho. Um amigo do Lucas, que é conectado comigo, o levou ao meu evento. O Lucas se conectou comigo. Eu o conectei à arquiteta, que o conectou a outra pessoa até chegar ao Ronaldinho. A esse movimento dou o nome de ecossistema colaborativo.

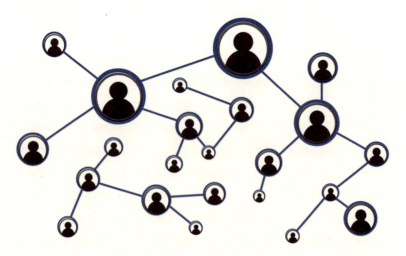

Em um ecossistema colaborativo, um colabora com o outro, seja contribuindo com a sua influência, com o seu talento em alguma área, com o seu conhecimento e assim por diante. Nesse ambiente, todo mundo é professor e todo mundo é aluno. É uma troca valiosíssima.

E acredite em mim: todo mundo tem algo em que pode colaborar. Eu sou bom em relacionamentos. Pode ser que você que está lendo este livro seja bom na área jurídica ou escreva muito bem. O outro pode ser bom na área financeira. Seu amigo pode ser o melhor na cozinha, enquanto o outro é o gênio do churrasco.

Quando colocamos intenção no networking, formamos uma grande teia de pessoas que, cada uma com a sua vivência, seus conhecimentos ou sua experiência, podem ajudar umas às outras. E assim formamos um mundo melhor, pois esse ecossistema muda a vida das pessoas, que passam a ter um suporte maior para resolver diversas questões.

> **QUANDO COLOCAMOS INTENÇÃO NO NETWORKING, FORMAMOS UMA GRANDE TEIA DE PESSOAS QUE, CADA UMA COM A SUA VIVÊNCIA, SEUS CONHECIMENTOS OU SUA EXPERIÊNCIA, PODEM AJUDAR UMAS ÀS OUTRAS.**

Todo mundo tem algo em que pode colaborar.

A vida é uma resenha
@gabriel_khawali

A Resenha do Gab, por exemplo, nasceu e se estabeleceu a partir do conceito e das premissas de ecossistema colaborativo. As pessoas participam dos eventos, e usamos a engenharia social para uni-las por afinidades, justamente para que a colaboração seja maior. Além disso, quando faço os jantares na minha casa, sempre dou dois minutos para cada um se apresentar, dizendo o que faz. Depois disso, já conhecendo a expertise de cada um, as pessoas se sentem à vontade para falar de seu negócio, das suas dores e até pedir conselhos durante os bate-papos que se formam ao longo da noite. Assim, surgem diversas conversas que acabam sendo de grande valor para os presentes. Mas tudo de maneira informal e leve, sempre em um grau *high level*.

Além dessa troca de experiências, o ecossistema colaborativo também aumenta a possibilidade de novos negócios acontecerem, ou de uma proposta diferenciada que leva a sua carreira ou o seu negócio a outro patamar, como foi o caso do Lucas Neder.

No seu dia a dia, você pode fazer parte de um ecossistema colaborativo por meio das comunidades. Aliás, este é um conceito que você precisa conhecer.

As comunidades

Comunidades são grupos de pessoas com interesses e objetivos em comum. Eles podem ser apaixonados por uma marca (os fãs das motos Harley Davidson, por exemplo), por algum esporte (tênis, *beach tennis*, corrida etc.), por se identificarem com determinada área de negócios e assim por diante. O que vale aqui é entender que o que os une é algum interesse comum.

Vamos supor que você tenha um comércio e que, na mesma região, tenha mais três ou quatro comércios de áreas variadas ou até do mesmo segmento. Em vez de ficarem batendo um no outro, lutando como concorrentes – que podem até ser –, vocês podem se unir e criar pequenas resenhas e comunidades para trocarem ideias sobre o que os une.

A Resenha do Gab é uma dessas comunidades, pois as pessoas se unem em torno dos eventos e, no fim, acabam se tornando aficionadas por estarem em lugares repletos de pessoas interessantes.

Formar comunidades é uma grande estratégia para qualquer negócio, pois você coloca intenção no networking e direciona para o que você deseja. Você pode, por exemplo, chamar seus dez clientes mais ativos para um almoço ou um café da manhã. Esse evento tem que ser o mais agradável possível e com o objetivo único de gerar valor, ou seja, sem pitch de vendas.[13] Promova boas conversas entre pessoas interessantes e, ao fim, elas vão se engajar ainda mais com a sua marca. Aí, no mês seguinte, você vai promover mais um encontro.

---

[13] Pitch de vendas é uma apresentação breve e direta, cujo objetivo é despertar o interesse pelo produto ou serviço oferecido (N.E.).

Só que, dessa vez, com as pessoas já engajadas e sabendo que você vai proporcionar momentos agradáveis e geradores de valor, peça para que cada convidado leve um amigo que tenha perfil parecido com o dele. Dessa maneira, esse segundo evento será para mais do que aqueles seus dez principais clientes e haverá novos leads potenciais.

A partir de uma comunidade engajada, o conceito do ecossistema colaborativo começa a se fortalecer. Na comunidade, a ideia principal é que as pessoas se conectem, interajam e fortaleçam os relacionamentos. Assim, abre-se a possibilidade de essa colaboração acontecer de maneira quase intuitiva e daí surgirem novos negócios, novas possibilidades de carreira, novas parcerias e uma troca de conhecimentos mais profunda e efetiva.

Ou seja, a comunidade é o primeiro passo para que o ecossistema colaborativo aconteça. Vamos a um exemplo prático. Um restaurante está com alguns problemas de gestão e não sabe como resolvê-los. Uma opção é ligar para o amigo, também dono de restaurante, e pedir um conselho, de repente descobrir como ele lida com aquelas questões. Outra opção é se reunir com a comunidade e, a partir daí, fomentar esse tipo de ajuda. Em um dia que o seu restaurante tiver pouco movimento, você pode convidar cerca de dez donos de restaurantes para conversarem de maneira descontraída, sem muito compromisso, durante um jantar. Aí, no meio desse papo, surge o tema gestão.

Em qual dessas situações você acredita que pode adquirir mais conhecimento para resolver o seu problema?

Nem é preciso pensar muito. Tenho certeza de que é na segunda opção. Se você só ligar para pedir orientação, estará somente extraindo valor; e, se você agir sempre com esse *modus operandi*, será conhecido como o pidão, o cara que quer fuçar no comércio do vizinho, o curioso. Entende?

Já no outro caso, você estará gerando valor para depois extrair valor. Ou seja, tudo aquilo que aprendeu no capítulo 5. Quando você usar essa lógica, ficará mais fácil unir as pessoas e criar um ambiente propício para que todos se ajudem.

Reunir as pessoas em comunidades já é tendência mundial, em que várias empresas fomentam até internamente a formação desses grupos ligados a um objetivo comum. Assim, criam-se pequenos ecossistemas colaborativos intencionados – como clube do livro, maratona da inovação, entre outros –, que fazem a ligação dos interesses em comum com objetivos claros para se desenvolverem e se engajarem ainda mais na empresa.

Como criar o seu ecossistema colaborativo

A formação desses ecossistemas começa pela coleta de dados. É muito mais complexo fazer networking com estratégia e intenção sem você saber com quem está falando. Saiba o que aquela pessoa faz, que empresa tem, quais são as suas expertises, quais são as suas fraquezas e dores, seu esporte favorito, seus hobbies. Entenda quem está à sua volta. Joga tênis? Pôquer? Fuma charuto? Gosta de pescar? Pratica *wakeboard*? Gosta de comida italiana? Churrasco? Você pode, inclusive, usar aquela coleta de dados que sugeri no capítulo 5.

Filtre esses dados para entender a formação do grupo. Pode ser que você tenha encontrado vinte clientes que jogam tênis, dez que gostam de churrasco, cinco que preferem lagosta e por aí vai. Então, você pode organizar um minitorneio de tênis seguido de churrasco. Olha só quanta gente interessante e dentro do mesmo mindset você vai reunir! Ah, mas e o pessoal que gosta de lagosta e prefere o *beach tennis*? Eles vão ficar para outro evento. Ao realizar esse movimento, você está criando ambiências para que o networking se fortaleça e ecossistemas colaborativos sejam formados. Por isso, tem que ser um grupo ligado por afinidades. Não é separar as pessoas, mas tornar a troca mais orgânica e fluida.

Em um primeiro momento, essas pessoas vão se divertir. Depois, o próprio ambiente amistoso vai fazer com que elas troquem ideias e, assim, com a cabeça leve, sem compromisso, as conexões são formadas. Ambiente bem diferente de uma reunião formal, porém com o mesmo resultado. Diria que até melhor. Afinal, primeiro se faz amigos, depois se faz negócios!

Além disso, essa ambiência tende a ser tão agradável que você começa a despertar no outro a vontade de estar próximo. E vai começar a receber mensagens do tipo: "Poxa, foi muito legal o jantar ontem. Quando vai ser o próximo?", "No próximo, pode contar com a minha presença".

Quanto mais interessante for esse grupo de pessoas, quanto mais umas agregarem às outras em algum aspecto, maior é a chance de as pessoas gostarem desse tipo de evento. No começo, este deve ser o foco. A comida, a decoração, a música, tudo colabora para que o evento seja um sucesso, mas não serão suficientes se o mix de pessoas não for adequado.

Aprendi essa lição no primeiro grande evento que fiz. Deu muita coisa errada (contei esta história na introdução), mas ter reunido as pessoas certas que se complementavam fez com que o evento fosse um sucesso. Tanto que a maioria me ligou ou me mandou mensagem no dia seguinte pedindo para ser chamada para o próximo evento.

Claro que você não precisa reunir 35 pessoas para um jantar, como eu faço. Se conhecer três pessoas interessantes, já pode criar esse movimento. Peça para que cada um leve mais dois amigos e se reúnam para um jantar. Um com certeza agregará ao outro. Veja que você está criando e promovendo a ambiência adequada e isso vai reverter, em algum momento, ao seu favor.

Mas se você não for uma pessoa adepta ao risco, se achar que ainda não é o momento de criar esse ecossistema, se ainda não tem autoridade para reunir essas pessoas, então dê um passinho para trás e tente primeiro fazer parte de um ecossistema colaborativo para depois fomentar o seu.

Não é tão difícil. É preciso apenas se mostrar disposto a conviver com pessoas que estejam também crescendo na vida por meio da geração de valor. Enquanto você ficar sentado no bar da esquina com os amigos de infância, dificilmente entrará para essa roda mais hypada. Você tem que ter vontade de olhar para a frente e enxergar outras possibilidades. O ecossistema colaborativo envolve doar e receber. Envolve ajudar e ser ajudado. Então, para se inserir em ambientes em que exista a possibilidade de um ecossistema colaborativo, você precisa conviver com pessoas que somem algo e que você some algo a essas pessoas. Relembrando: todo mundo faz alguma coisa com excelência. Jogue luz sobre as suas habilidades e valorize-as.

Pergunte-se: "Eu estou em um lugar onde posso ajudar e eles podem me ajudar?". Ao fazer isso com frequência, você consegue afinar cada vez mais essa procura e se inserir em ambientes legais com pessoas legais. Movimente-se. Não fique parado esperando que as oportunidades surjam.

No fim das contas, o conceito de ecossistema colaborativo é equivalente a um jogo de interesses e de interessados do qual você só vai conseguir fazer parte quando se reconhecer como alguém digno de transmitir o que sabe e ajudar o próximo. A partir dele, vai crescer pessoalmente e profissionalmente. Isso é networking. E networking *high level*, aquele que mais gosto de fazer e que você está credenciado para fazer a partir de agora. Acredite!

Coloque intenção no seu networking

Quando comecei a oferecer os primeiros jantares, não tinha a intenção de fazer disso minha atividade profissional e muito menos criar um novo nicho no mercado. Só queria reunir pessoas interessantes para noites leves e divertidas.

Mas quando vi o valor que aquilo gerava para as pessoas, entendi que o networking poderia ser levado a outro nível, era só colocar a estratégia e intenção certa naquilo que estava fazendo.

Tudo no que se coloca intenção, você direciona para onde quer ir. Com a intenção adequada, você não fica à mercê da sorte ou dos desejos de outras pessoas para realizar os seus objetivos nem se deixa ser manipulado pelo ambiente – aquela coisa de ir deixando a vida levar você ou fazer o que os outros estão fazendo. Quando você coloca intenção e estratégia nas suas ações, tem a oportunidade de expandir a sua vida pessoal e profissional. Você toma as rédeas da situação e se direciona para onde quer que queira chegar.

Assim, ao aplicar o networking que você aprendeu neste livro, verá que ele foi um divisor de águas na sua vida, assim como foi para a minha.

O Resenha Group, por exemplo, do qual a Resenha do Gab faz parte, é um dos meus principais *cases* de sucesso porque apliquei tudo que ensinei nas páginas deste livro e coloquei a intenção correta e bem direcionada ao que eu queria. Um jantar, que se desdobrou para um evento, que se multiplicou em vários eventos, que virou uma mentoria, e depois em um dos projetos de comunidade mais disruptivos do Brasil. E nós não paramos nunca. A cada dia penso em algo novo, uma maneira de agregar mais pessoas, de criar várias comunidades com objetivos diferentes e por aí vai.

A história do Resenha Group é tão grandiosa que você precisa conhecer para entender como os relacionamentos baseados na geração de valor serão fundamentais na sua mudança de vida. Eu já estava fazendo os eventos, já tinha criado uma comunidade de maneira orgânica (assunto de que falei no capítulo 6), mas senti que tinha condições de gerar mais valor para as pessoas que nos prestigiaram e sempre estiveram conosco. Como sempre fomos muito criteriosos, já sabíamos que essas pessoas também tinham muito para agregar em conhecimento e que elas estavam bastante a fim dessa troca entre os membros. Então, criamos um novo projeto em torno do ecossistema colaborativo que já acontecia nos eventos. E agora, de maneira mais sistematizada.

Um ecossistema colaborativo é diferente de um ambiente educacional. Em um ambiente de estudos tradicional, a educação é *top-bottom* e verticalizada –

do professor para os alunos. Já no ecossistema, o foco é relacional e colaborativo, e não existe aluno e professor: você pode ser um ou outro, dependendo do tema em questão. Todo mundo se ajuda. Levamos este mesmo conceito para o Resenha Group, por meio de quatro produtos:

Neste QR Code há mais informações sobre como funciona o Resenha Group e como fazer parte deste programa.

- *Dreamboard*: conselho entre empresários, capitaneado por um *C-level*[14] de uma *big company*.
- *On The Road*: café da manhã com o CEO de uma grande empresa e imersão na companhia.
- *Value Hub*: central de geração de valor para os membros, em que cada um deles tem um *account manager* para conversar sobre seus anseios, desafios e necessidades de conexão.
- Eventos da Resenha do Gab.

Por não ser um programa com foco educacional e sim relacional, o Resenha Group não tem essa coisa chata de sala de aula, de autoridade de cima para baixo.

Aprende-se como se estivesse em um bate-papo, porém, com grandes empreendedores e também líderes de grandes empresas, como Heineken, Nestlé, Farfetch, Nespresso, entre outras. Imagine o peso da opinião de

---

[14] Pessoa com cargo de alto-escalão na empresa, como CEOs, CFOs, COOs etc. (N.E.).

pessoas como essas! Às vezes, uma frase que essa turma fala muda a estratégia de uma empresa toda. Além disso, como aproximamos os participantes que estão em níveis parecidos, eles se ajudam. Para isso, o Resenha Group faz todo um trabalho anterior de "radiografar" os participantes e as suas empresas. Assim, conectamos as pessoas certas, que podem realmente se ajudar a resolver seus problemas.

Há, inclusive, alguns casos de participantes que já se tornaram sócios em novos negócios por meio desses encontros. Em uma das etapas da tradicional noite de pôquer entre empresários, promovida pela Resenha do Gab, estavam lá, entre as oitenta pessoas selecionadas, o Ícaro, cirurgião bucomaxilofacial no auge de sua carreira profissional, e o Guilherme, uma pessoa que já havia adquirido grande bagagem trabalhando em startups de sucesso, ao lado de fundadores bem-sucedidos. O Guilherme estava se preparando para iniciar sua trajetória como empreendedor e fundador. Durante o pôquer, eles jogaram na mesma mesa e se conheceram. Depois, passaram horas conversando. Dali nasceu uma nova amizade que resultou em uma nova empresa, a Pipe Clinic, um empreendimento que auxilia na gestão de clínicas médicas e odontológicas. Foi esse tipo de networking que promovi que gerou valor incrível para o doutor Ícaro e para o Guilherme!

Esse é apenas um exemplo de coisas legais que acontecem rotineiramente em nossos eventos. Outra coisa interessante que se passa nas ambiências promovidas pela Resenha é a aproximação entre executivos de grandes companhias e empreendedores. Estes últimos rotineiramente se identificam com algum desses executivos e contratam uma consultoria personalizada, ou seja, encontros individuais nos quais são aconselhados a respeito de alguma dor do seu negócio.

Esses executivos são pessoas bastante ocupadas e inacessíveis, mas que, pela proposta de geração de valor da Resenha do Gab, comprometeram-se a ajudar. Assim, criamos um ecossistema colaborativo e um networking com nomes de peso conectando todas essas pessoas.

Você vai aprender, vai encontrar um caminho para resolver os seus problemas corporativos, mas sem precisar ficar três, quatro dias em uma imersão de doze horas ou até mais, como as que acontecem por aí. Você vai se divertir e aprender ao mesmo tempo. Afinal, esse é o nosso objetivo.

E por que eu estou falando sobre isso?

Para que você também coloque intenção no seu networking. Pare de acreditar que isso é coisa só de quem tem muito dinheiro, que você precisa ser muito bom em tudo para fazer parte de grupos assim. Em qualquer lugar há grupos se formando. Conhece a confraria do vinho? Vá lá e verifique se ela é o que você procura. Não gostou? Vá para a turma do tênis aos sábados pela manhã. Ainda não é a sua praia? Descubra onde os empresários gostam de se reunir para jantar e descubra como você pode ir também. Você pode ir tateando com cuidado esses espaços, aprendendo como lidar com cada grupo e vai conseguir identificar o seu. Quando se der conta, já estará inserido em uma comunidade adequada aos seus interesses.

A partir daí, a sua vida só tende a melhorar. Isso tudo porque você mudou o seu mindset. Ter um bom networking o credencia para outros caminhos. Você vai ver que, fazendo direitinho, será sempre uma linha ascendente. Porque quem se reúne por meio dessas conexões segura sempre a mão um do outro. É um ganha-ganha constante.

> **TER UM BOM NETWORKING O CREDENCIA PARA OUTROS CAMINHOS.**

Quer saber como isso é possível? Preste atenção na história que vou contar agora.

Em São Paulo existe uma loja que vende relógios luxuosos, alguns entre os mais caros do mundo. Para gerar valor aos clientes, ela criou um clube com diferentes categorias. Vou dar dois exemplos para ficar mais fácil. No clube dos 100k entram somente aqueles clientes que compraram relógios de até 100 mil reais. Já no clube do 1M estão os clientes que compraram relógios de mais de 1 milhão de reais, e por aí vai. O que credencia essas pessoas a fazer parte desses grupos é o valor gasto na loja. Eles trocam ideias por meio de um grupo de WhatsApp e também se encontram em eventos que a marca promove para cada categoria.

Dessa maneira, a loja não vende apenas relógios de luxo, mas também exclusividade – a de fazer parte de um grupo seleto – e acesso ao networking que isso proporciona. A pessoa que tem o relógio de 100 mil reais se encontra com a outra que tem o mesmo relógio, e provavelmente elas estão no mesmo patamar em algum aspecto da vida. Isso beneficia uma troca de ideias muito interessante. Aos poucos, vai se criando uma comunidade em torno de um interesse em comum e, ao participar dela, a pessoa eleva o seu status. Todo mundo quer estar lá, pois a geração de valor é altíssima.

Como contei, esse é um grupo seleto, mas veja bem que, conceitualmente, o que essa loja faz é tudo o que você leu – e aprendeu – neste livro. Eles criaram uma forma de gerar um senso de comunidade entre seus clientes. A consequência natural disso é que se os eventos e as dinâmicas forem bem executados, cada vez mais pessoas vão querer fazer parte dessa comunidade e, por consequência, as vendas de relógios aumentarão.

Vamos imaginar que você tenha uma clínica de fisioterapia que atende muitos atletas todo mês, o que é normal nesse tipo de negócio. Imagine a base de dados que formou ao longo do tempo. No capítulo 5, falei sobre "Deus no céu, dados na terra", lembra-se? Você pode identificar seus clientes mais ativos e qual é o esporte mais frequentado por eles e criar um evento focado nele. Pode ser corrida, tênis, futebol, vôlei, enfim, a sua base de dados trará essa resposta. É provável que essas pessoas procuraram a clínica porque tinham as mesmas dores, os mesmos problemas e se recuperaram, então elas se identificam entre si. O evento, além de fortalecer a sua marca, ainda promoverá uma conexão entre essas pessoas. Você gera valor para o cliente, que devolve participando do evento, que, por sua vez, gera valor para um participante com a troca de experiências. Conforme o evento se fortalece, você pode pedir para cada um levar um amigo para participar também. É uma rede toda entrelaçada. Você vai valorizar a sua clínica por meio dessa comunidade que se formou ao mesmo tempo que vai promover boas experiências para eles, gerando valor para todos.

Aplicar este processo não envolve apenas ter dinheiro ou não, mas sim ter a intenção de fazê-lo. Quando você fica imerso na operação da empresa, acaba não tendo tempo de pensar em novas estratégias ou em um novo produto para o seu negócio. Já ouvimos de muitos clientes que "A vida do empreendedor é solitária". Isso não tem a ver com a capacidade de fazer amigos nem de mantê-los, mas com o fato de que esses executivos sempre estão tão envolvidos em seus negócios que não encontram tempo de trocar com outras pessoas, ou seja, de exercer o networking de que tanto falamos aqui. Às vezes, eles nem percebem que precisam inovar. A energia mental está toda direcionada para as tarefas cotidianas. Participar de um evento ou de um jantar, então, nem pensar. A agenda não permite. Voltamos, assim, ao início do livro, em que mostramos como esse ciclo atrapalha a vida pessoal e profissional.

Por outro lado, quem se permite estar fora da operação – por algumas horas apenas, ou que consegue delegar a tarefa cotidiana para outra pessoa – e passa a se relacionar com outras pessoas e a fazer parte de uma comunidade consegue aproveitar as melhores ideias, as melhores dicas para o seu negócio e ter insights valiosos que podem impactar o seu negócio.

O networking vai ajudar a abrir a sua cabeça, expandir os seus conhecimentos e lhe dar um gás que vai alimentar todo o seu processo criativo. Depois que descobrir este valor, nunca mais uma conversa vai ser um papo furado. Tudo terá uma intenção e vai virar algo tão cotidiano que nem vai reparar que está fazendo. Seja em uma reunião de negócios ou em uma viagem de férias, o seu radar estará voltado para as conexões, para o aprendizado e para os negócios. Afinal, você já sabe a receita certa para fazer negócios e se divertir ao mesmo tempo.

> **O NETWORKING VAI AJUDAR A ABRIR A SUA CABEÇA, EXPANDIR OS SEUS CONHECIMENTOS E LHE DAR UM GÁS QUE VAI ALIMENTAR TODO O SEU PROCESSO CRIATIVO.**

Vai lá e faz: simples assim!
___

Sempre estamos tomando decisões. Desde as mais simples, como escolher a cor da roupa que vamos usar ou o filme a que vamos assistir, até as mais complicadas, aquelas que têm um impacto mais profundo em nossa vida, como mudar de emprego, abrir um novo negócio, morar em outra cidade ou outro país. Porém, fazer desses momentos mais ou menos custosos vai depender de como conduzimos cada uma das situações.

Na vida profissional acontece algo parecido. Você pode resolver os problemas que surgem da maneira mais tradicional, com muitas reuniões, todos de cara fechada sentados em uma mesa tentando encontrar a solução por horas, ou pode se encontrar com um CEO de uma empresa grande em um jantar ou até mesmo em um happy hour e, enquanto conversam de maneira leve e informal, ele o aconselha a como solucionar o seu problema.

Não há nada de errado em resolver na maneira tradicional, mas o que eu propus neste livro é usar um jeito mais informal e descontraído. Em um ambiente leve, ouvindo pessoas especialistas com vasta bagagem, porém que não estão no dia a dia da sua empresa, a tendência é que as ideias fluam mais naturalmente. São nesses momentos que nascem as melhores soluções ou os melhores negócios.

A venda da Tentei Voar representou muito bem esse meu modo de trabalhar. Eu conheci o dono do fundo de investimento que comprou a companhia em uma mesa de pôquer. Conversamos um pouco e passamos a ter uma conexão on-line por meio das redes sociais. Um dia, fui para Fernando de Noronha e ele, por coincidência, também foi. Não sabíamos que o outro estaria lá. Curtimos uns dias bem legais com amigos em comum e, só no fim da viagem, ele me falou: "Tenho uma proposta de negócio para você". Para alguns, o ambiente não era propício para negócios, mas o fato é que essa oportunidade aconteceu em um momento de lazer. Se você parar para observar, perceberá que muitas oportunidades potenciais surgem em momentos leves e descontraídos, exatamente como demonstrei neste livro.

Esse é só mais um exemplo que fortalece a minha ideia de networking. E não falo com base no "achômetro". O que você leu nestas páginas está fundamentado em dados e informações que adquiri ao longo de mais de vinte anos profissionais. A minha "Faculdade sem Diploma em Engenharia Social" me deu credenciais para entender este assunto a fundo, e senti que era hora de compartilhar o meu conhecimento.

Eu não nasci sociável, aprendi a ser. Não descobri o networking, aprendi a fazê-lo (às vezes de maneira intuitiva, mas aprendi). Passei anos buscando intencionalmente me colocar em situações que pudessem proporcionar bons contatos. Dessa época surgiram inúmeros aprendizados, como entender claramente que não bastava me colocar em lugares legais com pessoas legais fazendo coisas legais. Isso era um grande passo para ser uma pessoa bem conectada? Com certeza. Mas faltava me tornar interessante, ou seja, eu precisava ser gerador de valor. E aprendi a me tornar interessante. Também percebi que não adiantava pegar carona na sombra dos outros e que estar só ao lado de gente legal não era suficiente. Eu precisava ser o cara com quem as pessoas querem pegar carona. E me tornei a pessoa mais legal que os outros querem ter ao lado.

Não foi um caminho fácil, mas não posso negar que tudo pelo que passei me deu confiança para subir mais um degrau e transformar o networking em *business*. Construí um negócio sólido e que cresce muito ano a ano. Então a minha história me credencia a afirmar que o método que passei aqui dá resultado e vai mudar a sua vida.

Quando recebi o convite para escrever este livro, eu me propus dois desafios importantes. O primeiro era transmitir conhecimento para o maior número de pessoas, ensinando como fazer networking. Porque uma coisa é ser sociável, outra coisa é entender o significado e as premissas do networking. Isso é relacionamento em um nível altíssimo.

O segundo desafio era abrir a cabeça de cada leitor para que, a partir do que aprendeu, enxergasse novos caminhos à sua frente. Isso também é geração de valor.

Sei muito bem do que estou falando, porque já recebi muitos empresários na Resenha do Gab que me relataram se sentirem limitados, pois enxergavam um número baixo de caminhos a seguir. É como se estivesse andando e, de repente, surgisse uma placa à sua frente: "Proibido seguir adiante". E eles simplesmente aceitavam essa limitação.

Agora, me responda: quem define até onde você pode ir? Quem define o limite onde a sua empresa pode e vai chegar?

E eu respondo: você mesmo! Não é nenhuma placa ou limitação que vai tirá-lo do caminho da geração de valor que você trilhou para si!

Espero que este livro seja esse divisor de águas na sua vida, pois você entende agora que há mil caminhos para trilhar e que tudo depende de você e das relações que mantém com as outras pessoas. Tenho certeza de que a minha história ajudou a destravar várias ideias, coisas que antes você não enxergava e que passou a ver. É como se eu tivesse construído um triplex na sua cabeça.

Lembre-se: comece de maneira simples, com o que você tem disponível, seja com os empresários do seu bairro ou com os amigos do clube. O importante é saber selecionar bem essas companhias. E isso você aprendeu a fazer.

Quero que agora você entre neste triplex que construí na sua cabeça e faça as coisas acontecerem de fato, transformando a leitura em prática. Não deixe de lado tudo o que aprendeu. Afinal, nada adianta um monte de conhecimento sem execução. Sei que parece difícil. E é mesmo. Mas se fosse fácil, não teria graça e todo mundo faria, certo?

Eu não perderia o ativo mais valioso e escasso que tenho – o tempo – escrevendo este livro se não fosse para fazer diferença para você e para mim também.

Agora, eu o convido a escrever um novo capítulo na sua vida. Chegou a hora de ser um agente transformador da sua própria história a partir das relações que mantém com as pessoas. Não pense muito. Vai lá e faz! Acredite em você, no seu potencial e no poder do networking. Você vai descobrir uma nova maneira de crescer e prosperar que nunca tinha vivenciado.

E que tal compartilhar comigo o que achou deste livro e como o networking tem mudado a sua vida? Eu vou adorar saber. Lá no Instagram você me encontra em @resenhadogab e @gabriel_khawali.

E nunca se esqueça:

PRIMEIRO SE FAZ AMIGOS, DEPOIS SE FAZ NEGÓCIOS!

Este livro foi impresso
pela gráfica Bartira em
papel lux cream 70 g/m²
em setembro de 2024.